棋逢對手

LES MEILLEURS ENNEMIS

中東與美國恩仇錄

Une histoire des relations entre les États-Unis et le Moyen-Orient

2

1953～1984

尚－皮耶·菲柳◎著　大衛·B◎繪
Jean-Pierre Filiu & David B.
朱怡康◎譯

作者｜尚－皮耶・菲柳（Jean-Pierre Filiu）

尚－皮耶・菲柳為巴黎政治大學國際事務學院的中東研究教授，身兼歷史學家及阿拉伯事務專家。他曾擔任紐約哥倫比亞大學及華盛頓喬治城大學訪問教授，並應多所美國大學及智庫之邀發表演講，其中包括哈佛大學甘迺迪學院及詹姆斯・貝克公共政策研究中心。2011年，他的《伊斯蘭天啟觀》（*Apocalypse in Islam*）由加州大學出版，為探討伊斯蘭末世論及其當代敘事的深度之作，並獲法國重要獎項Augustin-Thierry肯定。

在2006年獲聘任教巴黎政治大學之前，菲柳長期擔任職業外交官。他先派駐約旦及美國擔任基層官員，後出任法國駐敘利亞（1996–1999）及突尼西亞（2002–2006）副大使。他也曾擔任外交顧問，為法國內政部（1990–1991）、國防部（1991–1993）及總理（2000–2002）提供諮詢。2013年，歐蘭德（François Hollande）總統任命十位獨立專家撰寫國防及安全白皮書，菲柳也是其中之一。

菲柳著書約十本，其中包括《阿拉伯革命：民主起義的十堂課》（*The Arab Revolution, ten lessons from the democratic uprising*）（在英美兩國分別由C. Hurst & Co.和牛津大學出版社出版），關於阿拉伯之春何以導致突尼西亞及埃及總統下台，這是第一本嘗試提出解釋的學術書籍。菲柳之前的研究聚焦於伊斯蘭對全球化現代性的多方調適，他也討論過地區性及全球性聖戰的衝突辯證關係。他特別強調基進運動如何「現代化」傳統概念，為它們賦予以往不見於伊斯蘭的嶄新意義（例如哈里發國）。他的作品已以十種語言出版及／或翻譯。

Jean-Pierre Filiu

David B. Photo©Didier Gonord

繪者｜大衛・B（David B.）

「大衛・B」是法國漫畫家及作家皮耶－方索瓦・「大衛」・布夏（Pierre-François "David" Beauchard）的筆名，他曾獲艾斯納（Eisner）漫畫獎提名，1990年與人合創「協會」出版社（L'Association），這個知名的獨立漫畫出版社由新世代漫畫家組成，不以營利為目的，而著重於作品主題與藝術形式的探索與交流。大衛・B最有名的漫畫作品，是描述哥哥癲癇症對家族關係之影響的《癲癇》（*Epileptic*）。

譯者｜朱怡康

專職譯者，守備範圍以宗教、醫療、政治與科普為主。譯有《二十一世紀生死課》、《漫畫哲學之河》、《漫畫心理學》、《人性較量：我們憑什麼勝過人工智慧？》、《自閉群像：我們如何從治療異數，走到接納多元》、《偏見地圖1：繪製成見》、《偏見地圖2：航向地平線》、《塔木德精要》等書。其他歷史、科普譯作散見於《BBC知識》月刊。
臉書專頁「靈感總在交稿後」：www.facebook.com/helpmemuse

1950年代，隨著冷戰情勢升高，為了避免中東與共產國家合流，美國總統艾森豪除了要求國會授權總統，可以使用武裝部隊保衛中東的主權獨立與領土完整，也允許中東國家受到共產國家侵略時，向美國提出經濟或軍事上的援助。本冊由「艾森豪主義」一路談到1982年黎巴嫩戰爭爆發，內容包括以色列與埃及、約旦和敘利亞等周邊國家爆發的六日戰爭、1979年伊朗革命、蘇聯入侵阿富汗，以及其他與美國有關的中東衝突，為這段動盪時期提供敏銳而權威的紀錄。

1	2
3	4
5	6

＊圖像欄位閱讀順序為：
每頁由左而右，
再由上而下。

5 六日戰爭

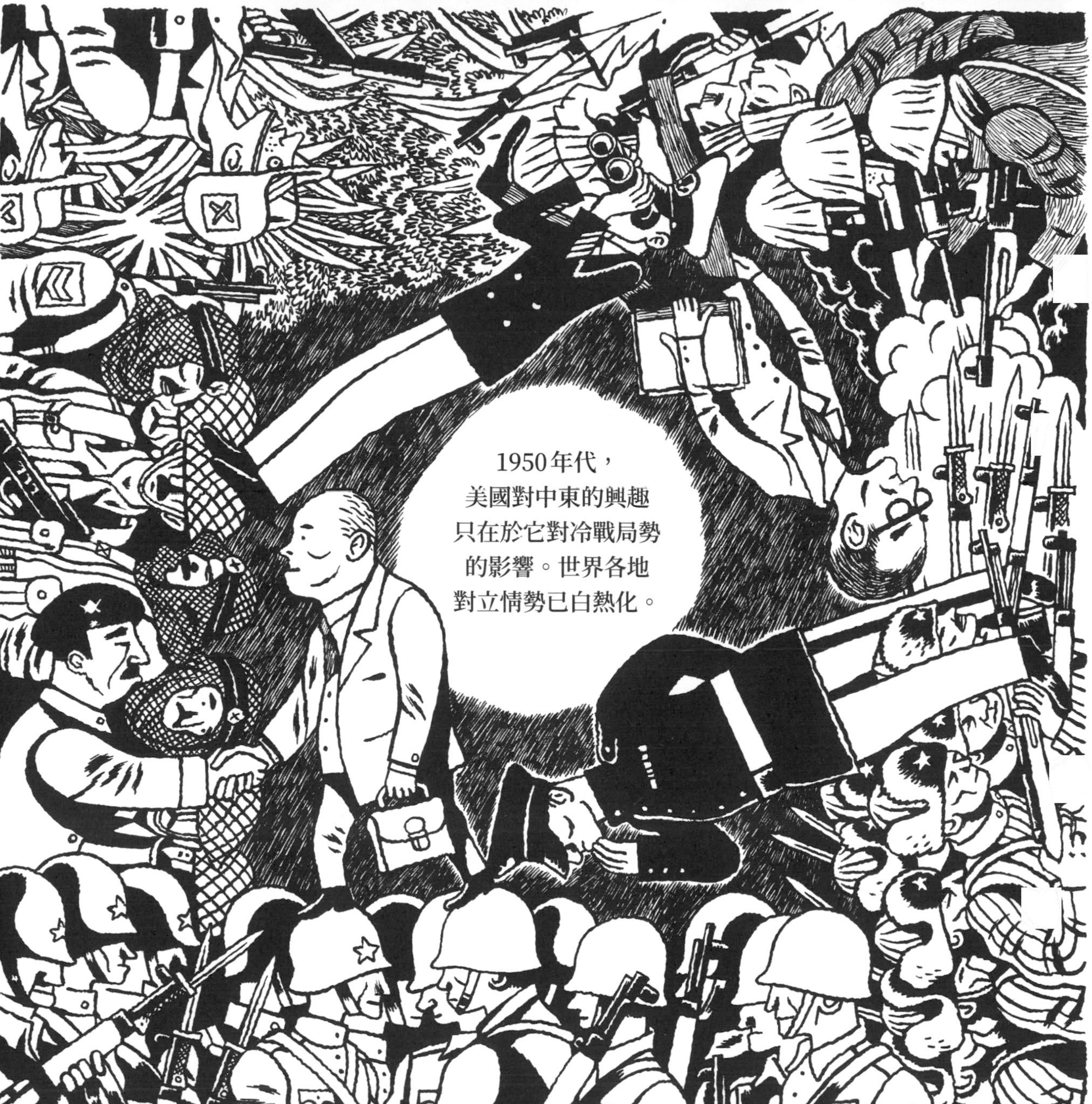
1950年代，
美國對中東的興趣
只在於它對冷戰局勢
的影響。世界各地
對立情勢已白熱化。

艾森豪總統
憂心中東爆發
另一場韓戰。
1956年10月，蘇聯
出兵干預匈牙利革命，
艾森豪進一步提高警覺。
幾天後，第二次中東
戰爭爆發，法、英、
以色列三國聯手對抗
埃及總統納瑟，
艾森豪立刻出面阻止。

可是，大動作
保護納瑟政權
不遭軍事潰敗，
其實與艾森豪的
其他行動抵觸。
從1956年
3月開始，
艾森豪已祕
密進行「歐
米茄」計畫。

這項計畫的目的是拉攏沙烏地阿拉伯，
以孤立埃及。當時沙烏地阿拉伯國王
伊本·紹德已死，他的長子繼位為王。
1957年，艾森豪在國會發表演說，
措辭嚴厲有如檄文。
俄國統治者
一直想主宰中東，
沙皇時代如此，
布爾什維克當權後
也是如此。
「艾森豪主義」絕不容許
蘇聯和中東合流。*
蘇聯統治者
一而再、再而三地
讓我們看到：
只要能達成目的，
他們什麼手段
都能用上。
為了維持獨立地位，
中東自由國家必須增強實力，
它們大多也願意如此。

*「艾森豪主義」主張中東國家只要面臨「國際共產主義控制的任何國家的武裝侵略」，可以跟美國提出經濟或軍事上的援助；
此外美國可以使用武裝部隊，保衛中東的主權獨立與領土完整。

這場演講後不久，
紹德國王便抵達華盛頓
進行官方訪問，其間
他受到大規格接待。

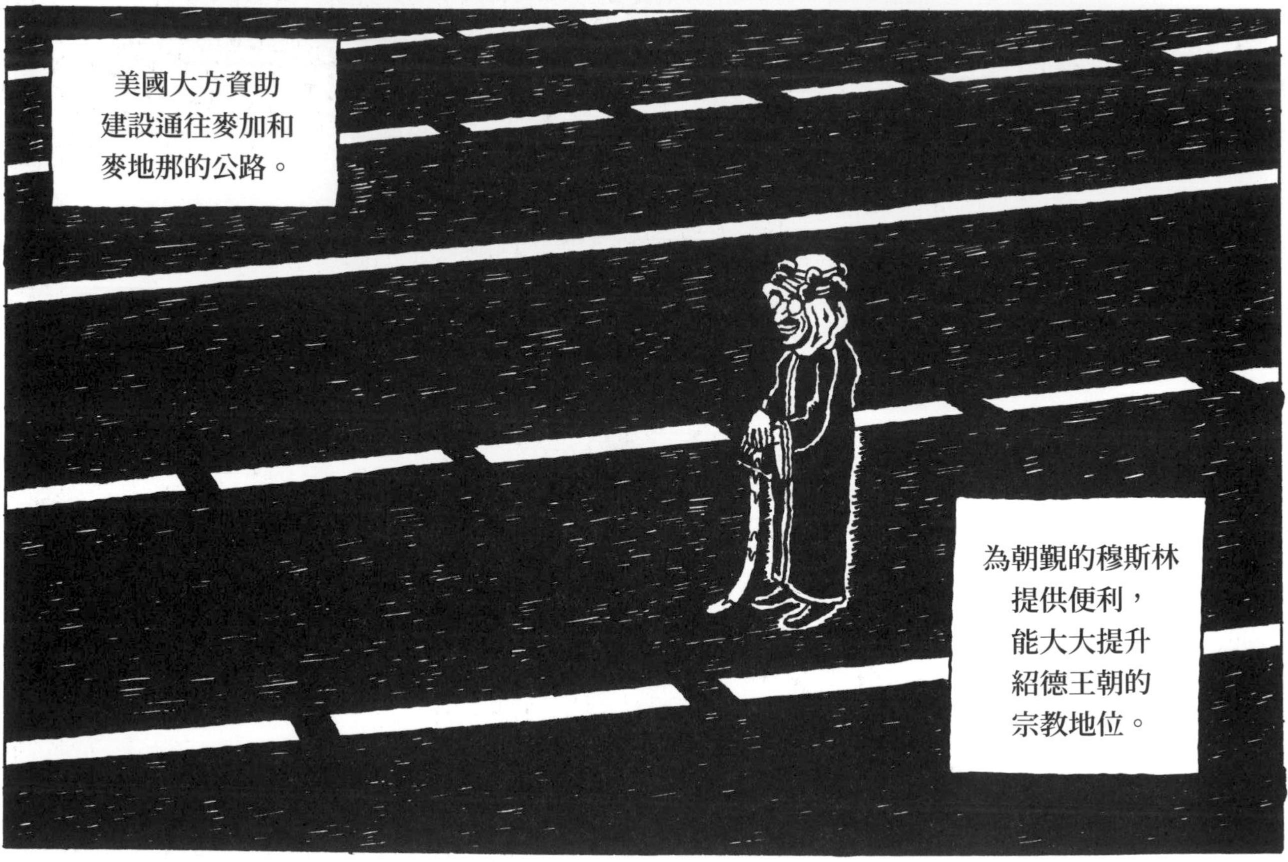
美國大方資助
建設通往麥加和
麥地那的公路。
為朝覲的穆斯林
提供便利，
能大大提升
紹德王朝的
宗教地位。

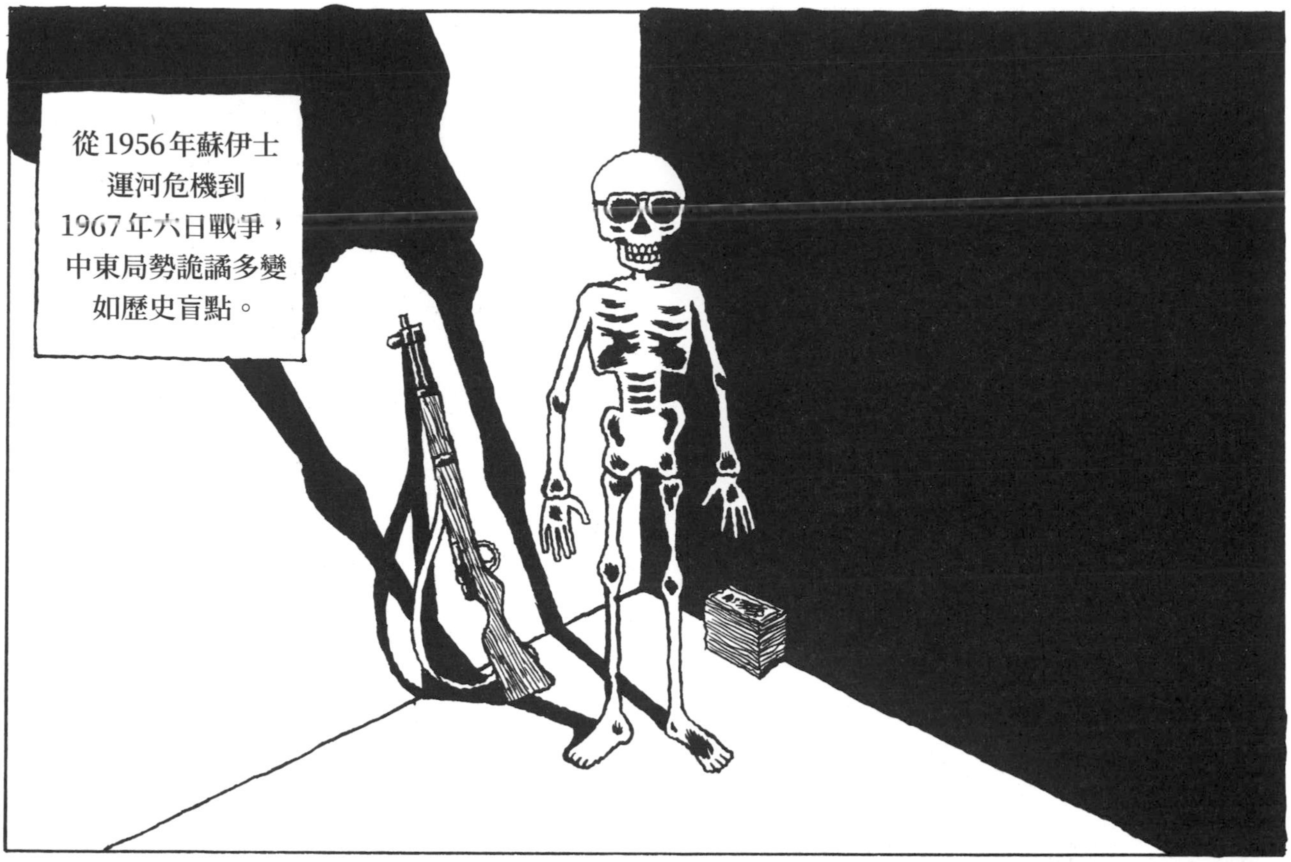
從1956年蘇伊士
運河危機到
1967年六日戰爭，
中東局勢詭譎多變
如歷史盲點。

約旦國王胡笙
採取反納瑟立場。
1957年4月，
他解散國民政府。

美國派艦隊到地中海，
表態支持胡笙。
胡笙大受鼓舞，
進一步宣布戒嚴、
解散政黨、
驅逐親納瑟份子。
在敘利亞，
克米特・羅斯福
用上自己所能
掌握的一切手段，
千方百計推翻
國民政權。
但他沒能成功，反而
導致不少美國「外交官」
被逐出大馬士革。

1958年2月1日，
敘利亞和埃及宣告合併，
一同組成阿拉伯聯合共和國。
然而衝突隨即發生，
埃及待敘利亞如
下級行省，態度有如
封建領主。
同年7月，卡塞姆將軍領導革命黨
奪下伊拉克政權，屠殺王室成員。
埃及迅速成為
中東霸主。

英語世界對此反應迅速。
英國派傘兵到安曼
保護胡笙國王。
美國海軍在
貝魯特海岸登陸，
不讓黎巴嫩
陷入納瑟之手。
結果他們只
遇上一頭霧
水的海灘客。
?

這個訊息給得
很清楚，開羅看懂了。
納瑟忙不迭地
安撫美國。
狠狠打壓
共產主義者。

伊拉克情況不同，卡塞姆將軍利用共黨民兵
打擊親納瑟份子，鎮壓後者在摩蘇爾的起事。

1961年1月，約翰·甘迺迪就任美國總統。
因為他支持阿爾及利亞獨立，
他在埃及和阿拉伯世界人氣很高。

甘迺迪和納瑟
開始通信。
甘迺迪手段靈活，表明他
重視全球事務甚於中東問題。
美國恢復援助
埃及……
……也有意邀請
納瑟訪問華府。
沙烏地阿拉伯方面，
紹德國王忙著跟他壞脾氣
的弟弟費沙爾鬥，
無暇他顧，維持中立。

敘利亞決定恢復獨立，
脫離阿拉伯聯合共和國，因為後者
志不在阿拉伯，唯埃及馬首是瞻。
敘利亞也指控埃及背信忘義，為了美援犧牲掉巴勒斯坦。
1962年9月，北葉門國王伊瑪目・阿赫邁德去世，親納瑟份子逮住機會奪得政權。
埃及國會議長沙達特呼籲立刻出兵干預。沙達特是納瑟的好友，也是他的傀儡。
政變次月，第一批埃及軍隊抵達葉門。
保皇派不甘束手就擒，與埃及軍隊交戰。

納瑟不得不派出更多軍隊平亂。到1967年6月，
埃及已投入百分之三十的兵力到葉門作戰。
葉門漸漸變得像埃及的越戰。
沙烏地阿拉伯大力支援叛軍，
視埃及勢力為威脅。
美國石油公司聯合他們的以色列熟人發難，
在華府齊力抨擊納瑟的政策。他們的說客
是誰呢？又是不甘寂寞的克米特·羅斯福。

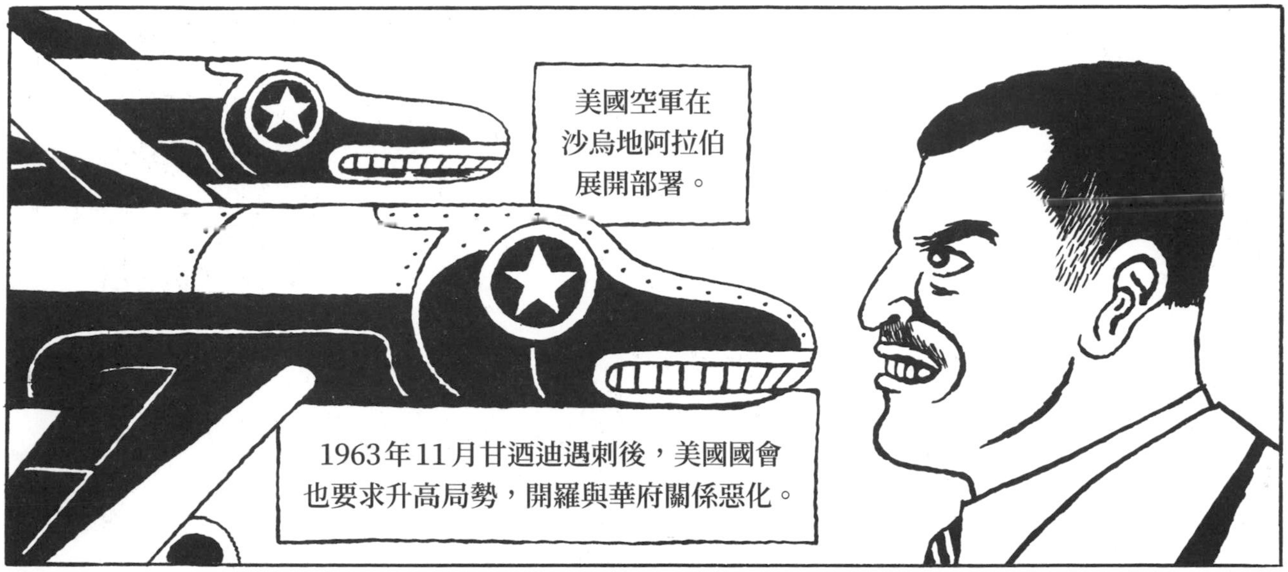
美國空軍在
沙烏地阿拉伯
展開部署。
1963年11月甘迺迪遇刺後，美國國會
也要求升高局勢，開羅與華府關係惡化。

納瑟決定
強化與蘇
聯的關係，
也與大馬士革
當權的復興黨*
走得更近。
1964年，沙烏
地阿拉伯紹德
國王鬥輸弟弟費
沙爾，被迫退位。
納瑟邀他來
開羅長住，
為此洋洋
得意。
1967年
5月30日，
約旦國王胡笙
與埃及簽訂條
約，建立軍事
同盟。

＊ 敘利亞復興黨（Ba'athists）於1963年發動政變，取得政權。

1964年，
納瑟成立
PLO＊
為他效命。

＊ 巴勒斯坦解放組織（Palestine Liberation Organization）。

他利用與以色列的緊張關係擴大影響力。

只要以色列
存在一天，我們
隨時都面臨戰爭。

事實就是：光是
奪走巴勒斯坦，
猶太復國主義者
不會滿足。

他們還打算
建立帝國，強占
從尼羅河到
幼發拉底河
的土地。

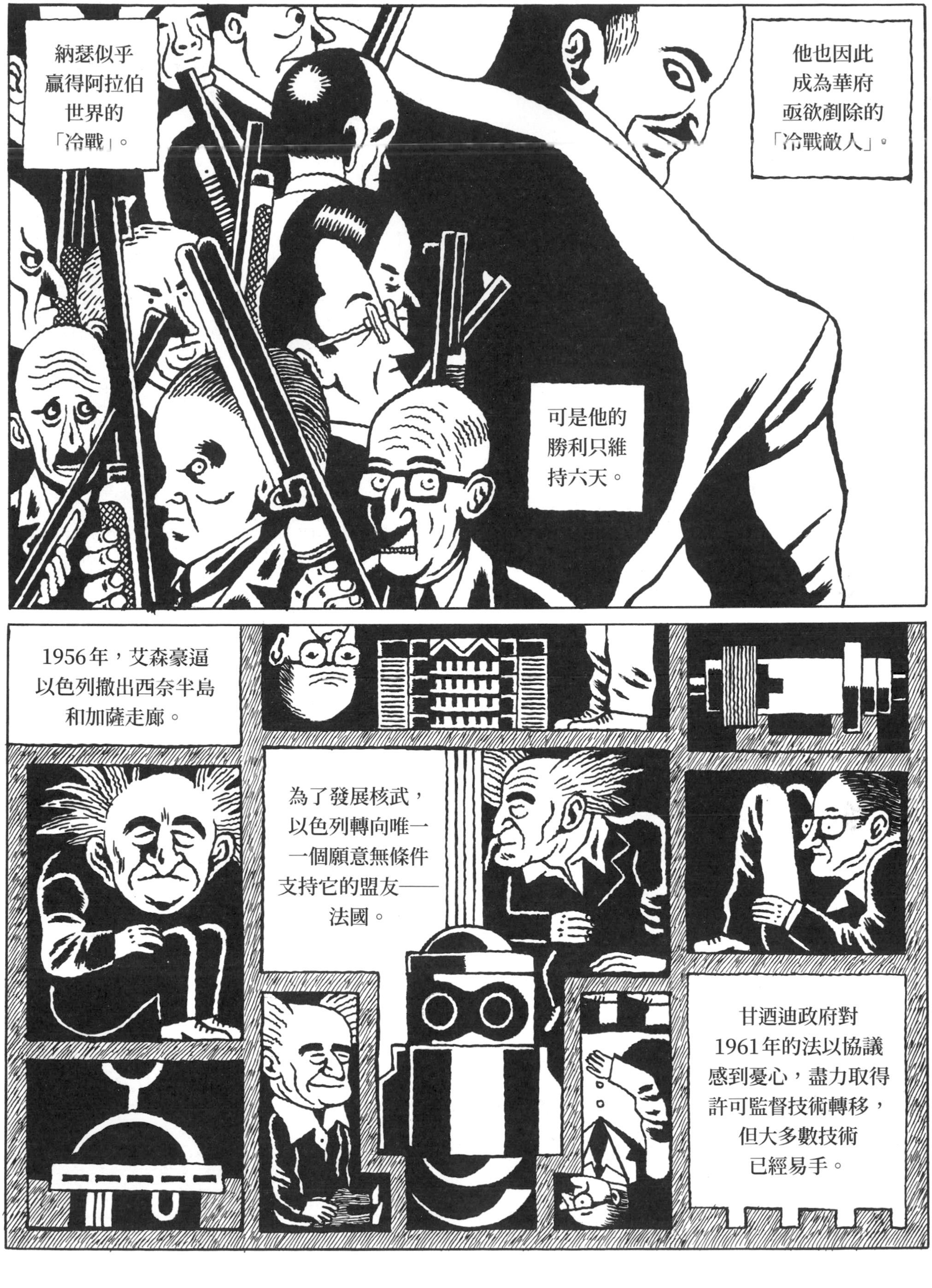
納瑟似乎
贏得阿拉伯
世界的
「冷戰」。
他也因此
成為華府
亟欲剷除的
「冷戰敵人」。
可是他的
勝利只維
持六天。
1956年，艾森豪逼
以色列撤出西奈半島
和加薩走廊。
為了發展核武，
以色列轉向唯一
一個願意無條件
支持它的盟友——
法國。
甘迺迪政府對
1961年的法以協議
感到憂心，盡力取得
許可監督技術轉移，
但大多數技術
已經易手。

在顧問邁爾·菲德曼協助下，甘迺迪與以色列持續保持正式接觸，繼任的詹森總統亦然。
1963年6月，列維·艾希科爾成為以色列總理，對埃及彈道飛彈計畫提出警告。
但五角大廈對此威脅存疑。
以色列國防軍參謀長以撒·拉賓率領以色列代表團前往華府會談。
由於美國希望在檯面上對中東問題保持中立，這些會談祕密進行。

這些會談促使詹森總統
保證以色列安全，
1965年首次運送武器到以色列。
1967年，五角大廈評估報告指出：
以色列的戰略實力無疑優於其阿拉伯鄰國。
美國國務院
建議減少對以色列
的軍事援助。
另一方面，蘇聯駐埃及軍事專家試圖說服納瑟：
埃及軍隊不可能擊敗以色列。但納瑟就是不信。

由於埃及與以色列為鄰的邊界受聯合國保護，敘利亞罵納瑟是懦夫。
納瑟禁不起這般指責，要求聯合國撤出維和部隊。

阿拉伯媒體充斥好戰言論。
以色列打算先發制人，削弱埃及威脅。

5月21日，納瑟在阿拉伯對手宣傳壓力下發難，封鎖蒂朗海峽*。

＊ 蒂朗海峽（Strait of Tiran）位於西奈半島和阿拉伯半島之間，以色列進口石油有九成須經此輸入。

猶太人動輒威脅
發動戰爭。
我的答覆是：「歡迎！
我們隨時奉陪！」
美國要求以色列
和埃及冷靜，
先花兩週
循外交途徑
解決爭端。
納瑟和以色列總理
列維．艾希科爾同意。
美國總統詹森
出身德州，受傳統
聖經教育，這樣的背景
讓他立場親以。

在他眼裡，以色列人就像
十九世紀美國的「拓荒客」，
拓荒客跟墨西哥人火拚是家常便飯。

詹森還講了1945年的「德州」行動，這場
行動從納粹集中營救出幾十個猶太人。
然而，詹森其實沒有
參與過解放集中營的行動，
他只有協助集中營
生還者進入美國。

他堅決反對共產
主義，態度強硬。
越共在埃及開羅
設辦事處讓他
大為光火。

不過，6月1日以色列政府改組後，
詹森拒見其特使。
列維・艾希
科爾送信給我，
要我阻止第二次
猶太大屠殺。
以色列政府之所以選在這時候改組，
是因為約旦和埃及在5月時簽署防禦協定，
以色列將領一片譁然。＊
1967年6月4日，他們祕密批准
對埃及發動先發制人空襲。
6月5日早晨，以色列發動攻擊，
事前並未知會他們的盟邦美國。
946
埃及軍機還沒起飛
便已遭到攻擊，
幾乎全滅。

＊ 圖中獨眼者為以色列國防部長摩西・戴陽（Moshe Dayan）。

在此同時，以色列
宣布是埃及先動手的。
他們只是還擊而已。
上午八點，
地面戰開始。
由於以色列軍隊
主要是針對
埃及部署，他們
希望約旦不要
加入衝突。
以色列坦克
深入西奈半島。
可是約旦國王
決定參戰，在耶路撒冷
走廊開火。

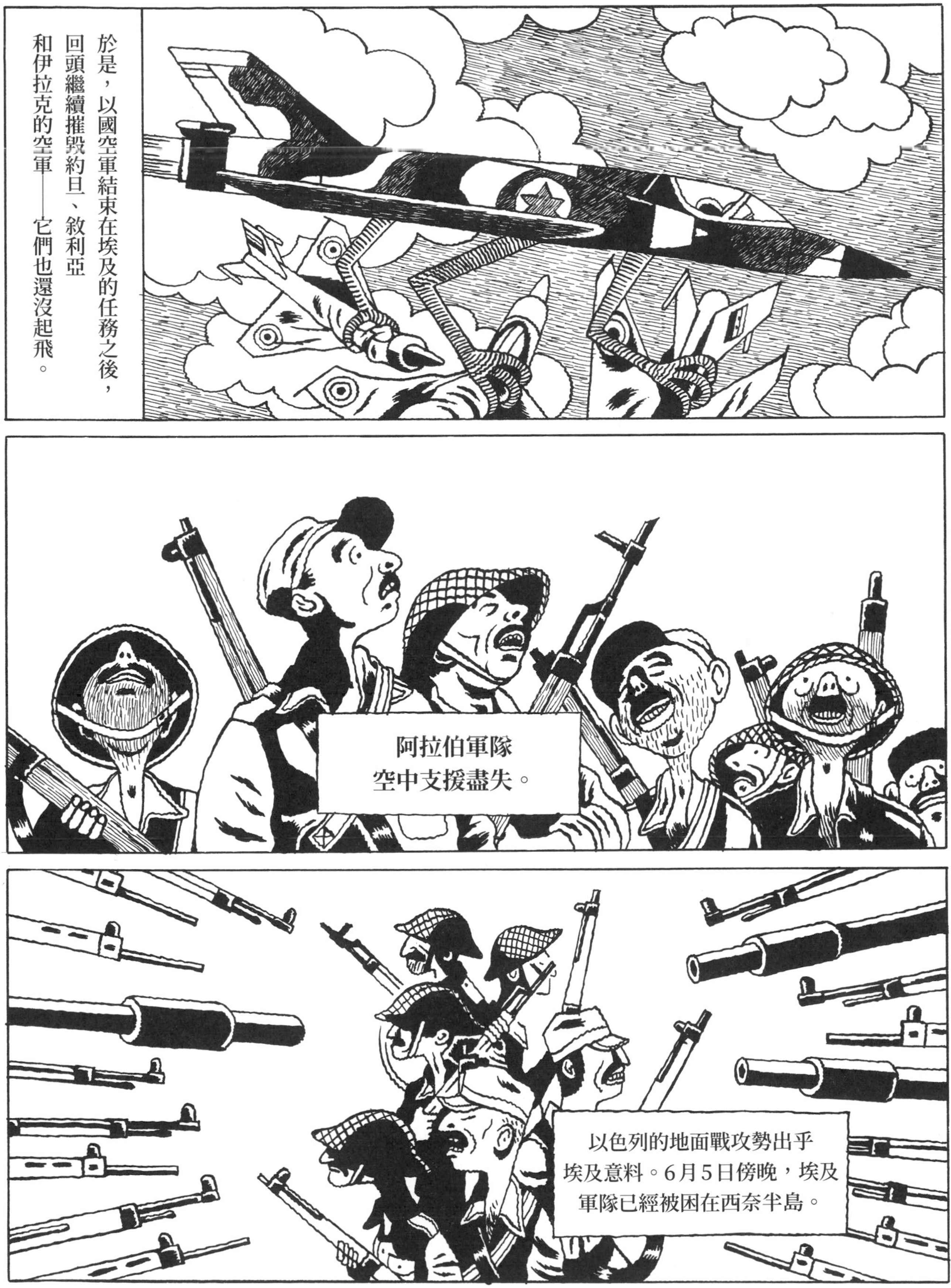
於是，以國空軍結束在埃及的任務之後，
回頭繼續摧毀約旦、敘利亞
和伊拉克的空軍——它們也還沒起飛。
阿拉伯軍隊
空中支援盡失。
以色列的地面戰攻勢出乎
埃及意料。6月5日傍晚，埃及
軍隊已經被困在西奈半島。

在約旦方面，耶路撒冷
附近戰事激烈。
埃及故意放假消息
給約旦，以免約旦決定
抽身，棄它而去。
埃及說他們已經擋下以色列進攻，
約旦因此士氣大振。
以色列不斷勸告約旦國王胡笙保持中立，
直到最後一刻仍不放棄。但胡笙國王拒絕。
納瑟要蘇聯加入
自己這方作戰。
並補上埃及被
摧毀的軍機。
蘇聯拒絕。

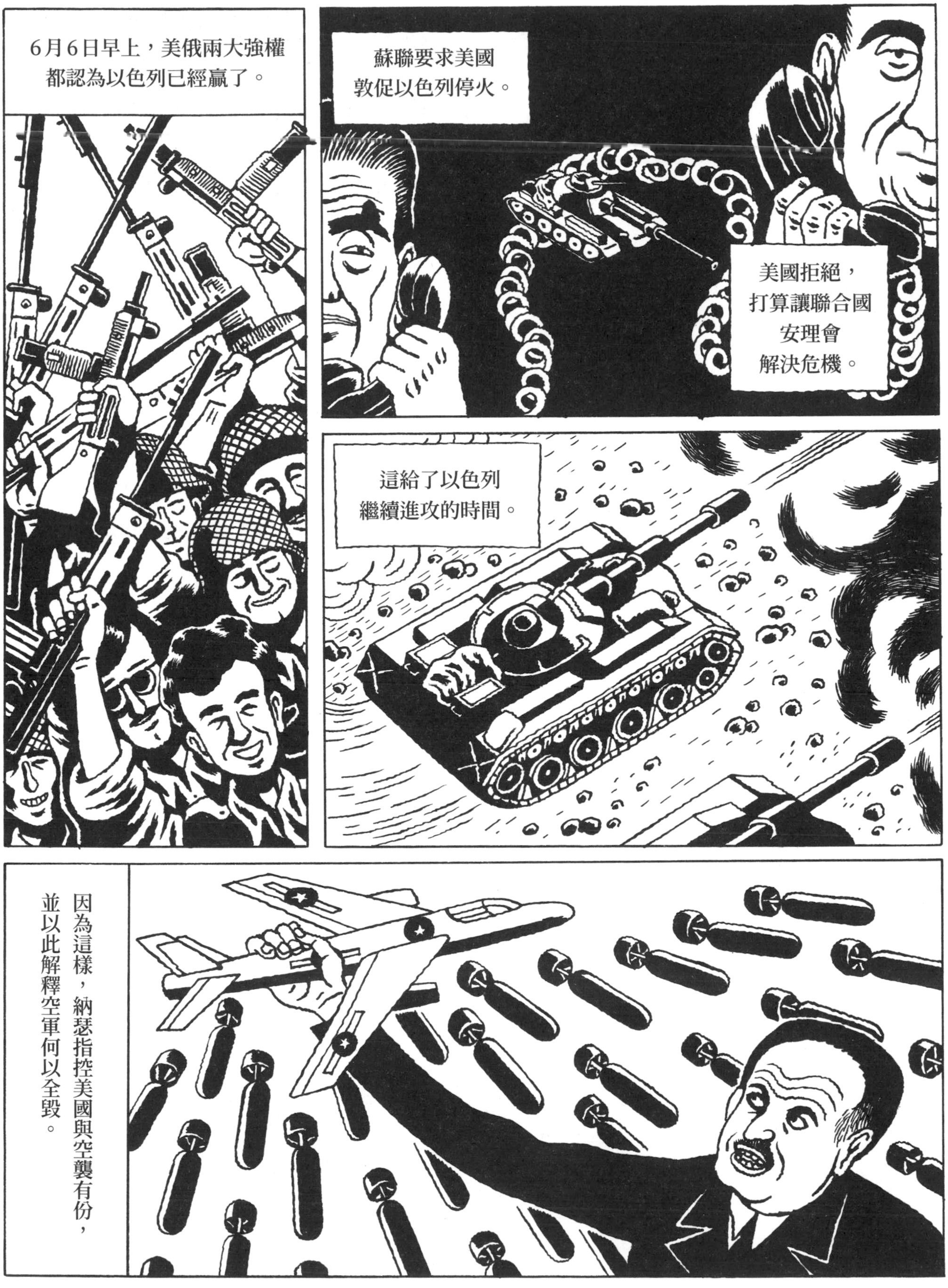
6月6日早上，美俄兩大強權都認為以色列已經贏了。
蘇聯要求美國敦促以色列停火。
美國拒絕，打算讓聯合國安理會解決危機。
這給了以色列繼續進攻的時間。
因為這樣，納瑟指控美國與空襲有份，並以此解釋空軍何以全毀。

美國否認指控，
但沒人相信。
抗議群眾攻擊
美國在的黎波里
的使館。
6月6日上午，
西奈半島的埃及軍隊
接到撤退命令。
狀況一片混亂。
埃及士兵遭到
地面部隊圍攻
……
……還被軍機
投燃燒彈攻擊。

以色列俘虜
上千名士兵。
為了避免他們拖慢速度，
以軍釋放一部分人，
射殺了其他人。
在約旦戰線，以色列
切斷東耶路撒冷，
轟炸約旦河西岸。
胡笙國王
請美國要
求以色列
停火。
No!
詹森政府拒絕，因為他們對約旦很怒——
約旦居然跟埃及一個鼻孔出氣，
也指控美國窮兵黷武。

美國是怎麼知道的呢？原來以色列情報局攔截到納瑟和胡笙的對話，將內容公諸於世。
兩國元首在電話裡一起痛罵美國。
埃及與美國斷絕外交關係。
阿爾及利亞、敘利亞、葉門、蘇丹和伊拉克跟進。
美國使館再次遭到攻擊，美國撤僑。

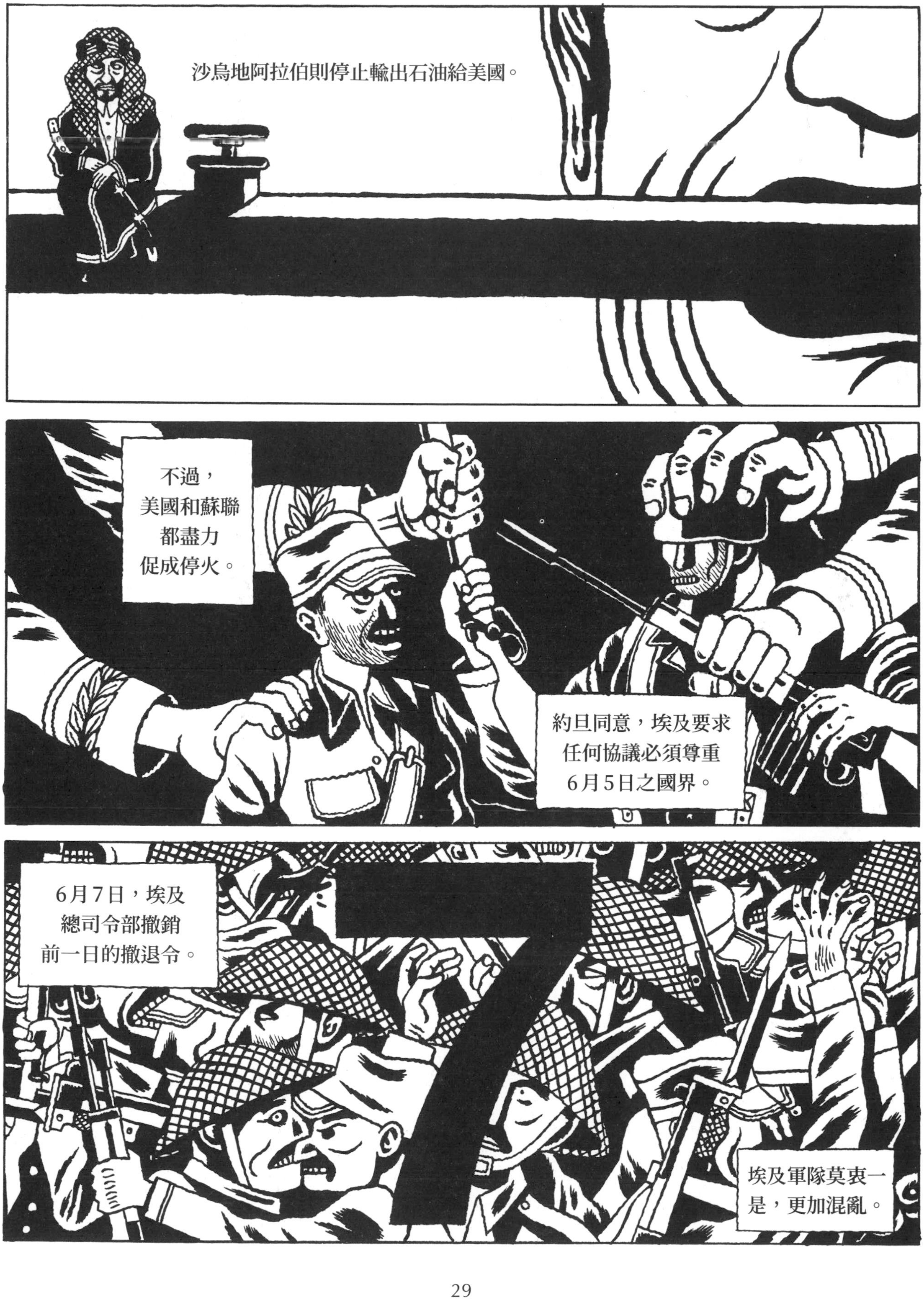
沙烏地阿拉伯則停止輸出石油給美國。
不過，美國和蘇聯都盡力促成停火。
約旦同意，埃及要求任何協議必須尊重6月5日之國界。
6月7日，埃及總司令部撤銷前一日的撤退令。
7
埃及軍隊莫衷一是，更加混亂。

有些軍隊撤退……
……有些軍隊
發動反攻。

以色列軍隊持續推進，
他們所向披靡，
奪下加薩走廊。

在約旦戰線，
耶路撒冷舊城落入
以色列之手。

以色列國防軍
到達哭牆。
約旦先是失去耶路撒冷，
接著軍隊潰敗，撤退的
部隊擠在約旦河橋梁上。
6月8日，以色列軍隊
推進到蘇伊士運河。

蘇聯此時已不計代價務求停戰，
埃及同意有條件停火。
莫斯科向以色列下最後通牒：
停戰，否則我們一定介入。
6月9日，納瑟承認
戰敗責任……
我準備負起全部責任……我決定完全放棄一切公職，不再擔任任何政治角色。
……但他繼續
譴責美國。
他不但辭職，
也交出政治和
軍事領導權。
開羅大街小巷
湧現人潮，懇求
納瑟留任。

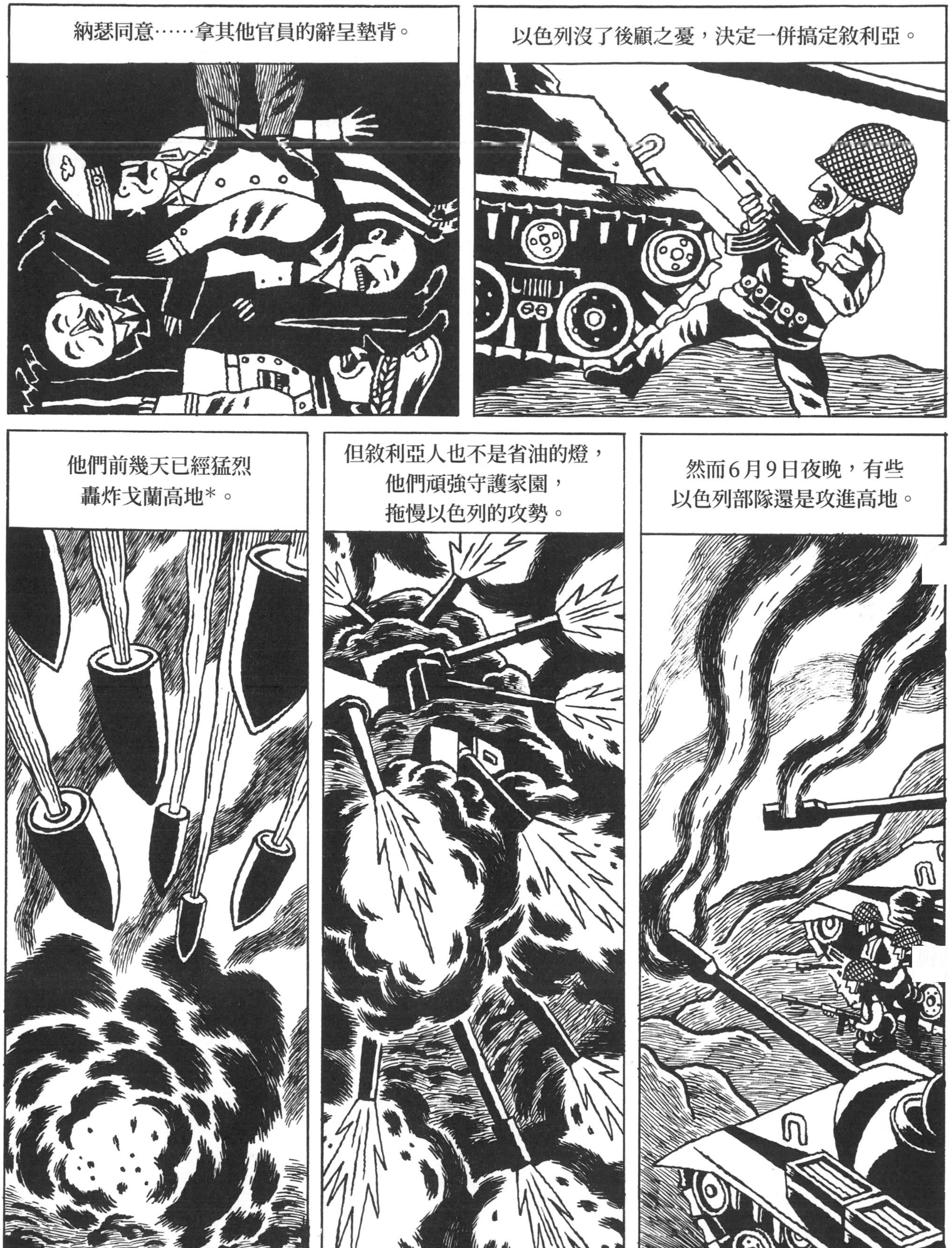
納瑟同意……拿其他官員的辭呈墊背。
以色列沒了後顧之憂，決定一併搞定敘利亞。
他們前幾天已經猛烈
轟炸戈蘭高地*。
但敘利亞人也不是省油的燈，
他們頑強守護家園，
拖慢以色列的攻勢。
然而6月9日夜晚，有些
以色列部隊還是攻進高地。

＊ 戈蘭高地（Golan Heights）位於位於敘利亞西南部，約旦河谷地東側。

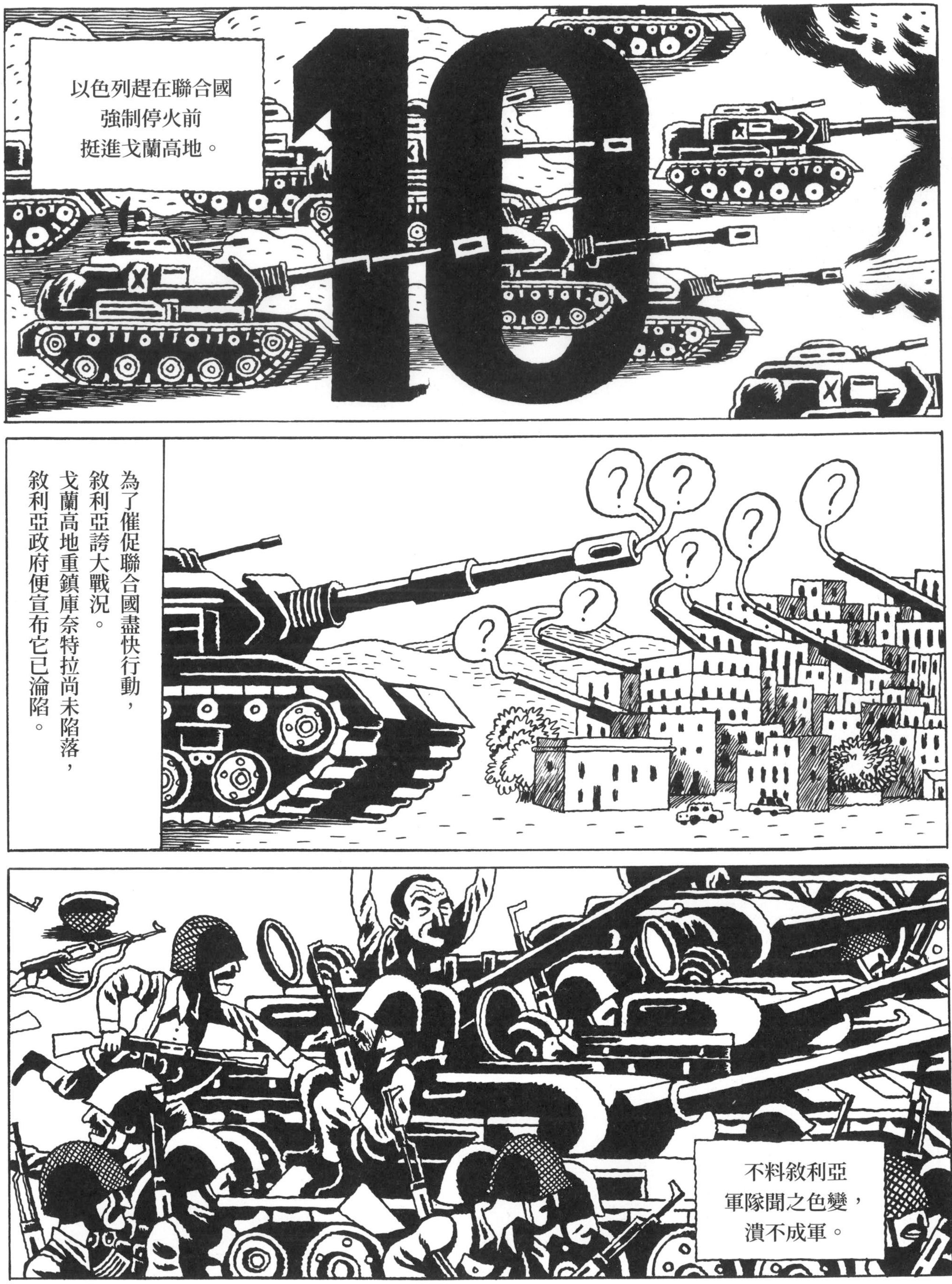
10
以色列趕在聯合國
強制停火前
挺進戈蘭高地。
為了催促聯合國盡快行動，
敘利亞誇大戰況。
戈蘭高地重鎮庫奈特拉尚未陷落，
敘利亞政府便宣布它已淪陷。
?
不料敘利亞
軍隊聞之色變，
潰不成軍。

敘利亞當局
權衡情勢，決定
撤守戈蘭高地，
回防大馬士革。

6月10日，
戰爭正式結束。
可是傍晚宣布停火之後，
以色列繼續前進。

以色列又進攻
了兩天……
11
12
……直到
完全占據
戈蘭高地。

6 兩次戰爭之間

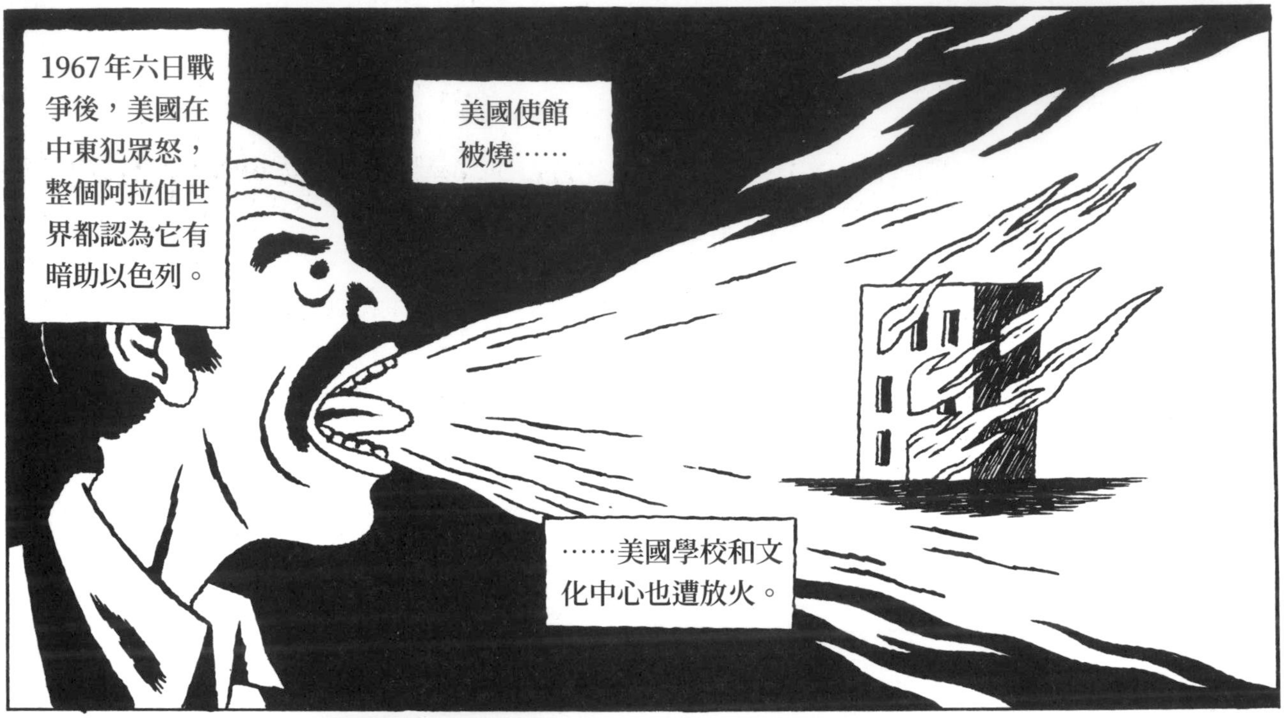
1967年六日戰爭後，美國在中東犯眾怒，整個阿拉伯世界都認為它有暗助以色列。
美國使館被燒……
……美國學校和文化中心也遭放火。

蘇聯和共產國家紛紛與以色列斷交……
……唯一的例外是羅馬尼亞。

這種態勢加深了兩大陣營對立，一方是以色列和美國，另一方是阿拉伯國家和蘇聯。
為了改善對美關係，納瑟找沙烏地阿拉伯說項。
費沙爾國王逮住機會暢談政治理念。
我的心願是為阿拉伯人向美國人發聲。
父王的心願是為美國人向阿拉伯人作保。

以色列大勝後躊躇滿志，
驅逐約旦河谷和戈蘭高地九成居民，
不准他們返鄉。
以色列堅持先談和約
再談從占領區撤軍，詹森支持。
倒是以色列政府內部意見分歧。
戴陽主張殖民約旦河西岸。
勞動部長以格勒·亞隆敦促儘速與約旦簽訂和約。
無任所閣員梅納罕·比金傾向吞併「猶太－撒馬利亞區」＊。
阿拉伯國家同仇敵愾。
不與以色列和平共存。
不承認以色列。
不與以色列談判。
1967年，在蘇丹首都喀土木舉辦的阿拉伯聯盟高峰會上，敘利亞的「三不政策」獲得一致同意。

＊ 以色列占領之約旦河西岸地區。

在此同時，以色列的地位日益鞏固，局勢對它相當有利。
1967年11月，美國投票贊成聯合國安理會第242號決議。決議的法文版寫明：以色列應「撤出於近期衝突中占領之領土」＊。
但決議的英文版少了定冠詞＊＊，以色列將此詮釋為有條件撤退，這種解讀也獲得支持。
法文和英文都是聯合國的工作語言，法律效力相等。

＊ retrait des forces armées israéliennes des (“from the”) territoires occupés.

＊＊ withdrawal of Israeli armed forces from territories occupied.

從1969年3月到1970年8月，以埃兩國在蘇伊士運河沿岸打「消耗戰」。
1969年1月，美國新任總統尼克森就職，國務卿威廉・P・羅傑斯盡力尋找和平解決方案……
……五角大廈和國家安全顧問季辛吉卻另有計畫，他鼓勵以色列狠狠轟炸埃及，逼垮納瑟。
季辛吉的想法是：除非埃及與蘇聯斷絕關係，否則他們別想從以色列拿到分毫。
阿拉伯領導人遲早得站在我們這邊。

1970年8月，
以色列和埃及
在聯合國支持下
簽署停火協定。
以色列和約旦的協議
也逐漸露出端倪。
不過，巴勒斯坦突擊隊
已在約旦建立反抗勢力。
這是必須處理的棘手難題。
他們與軍隊
發生衝突。
西方客機被
劫持到約旦機場。

約旦國王胡笙不得不
驅逐巴勒斯坦解放組織。
這導致了後來的「黑色九月」。

美國派第六艦隊
到地中海。
約旦軍方對
巴解毫不寬貸。
以色列宣布它
已做好干預準備，
願意協助胡笙
國王保住王位。

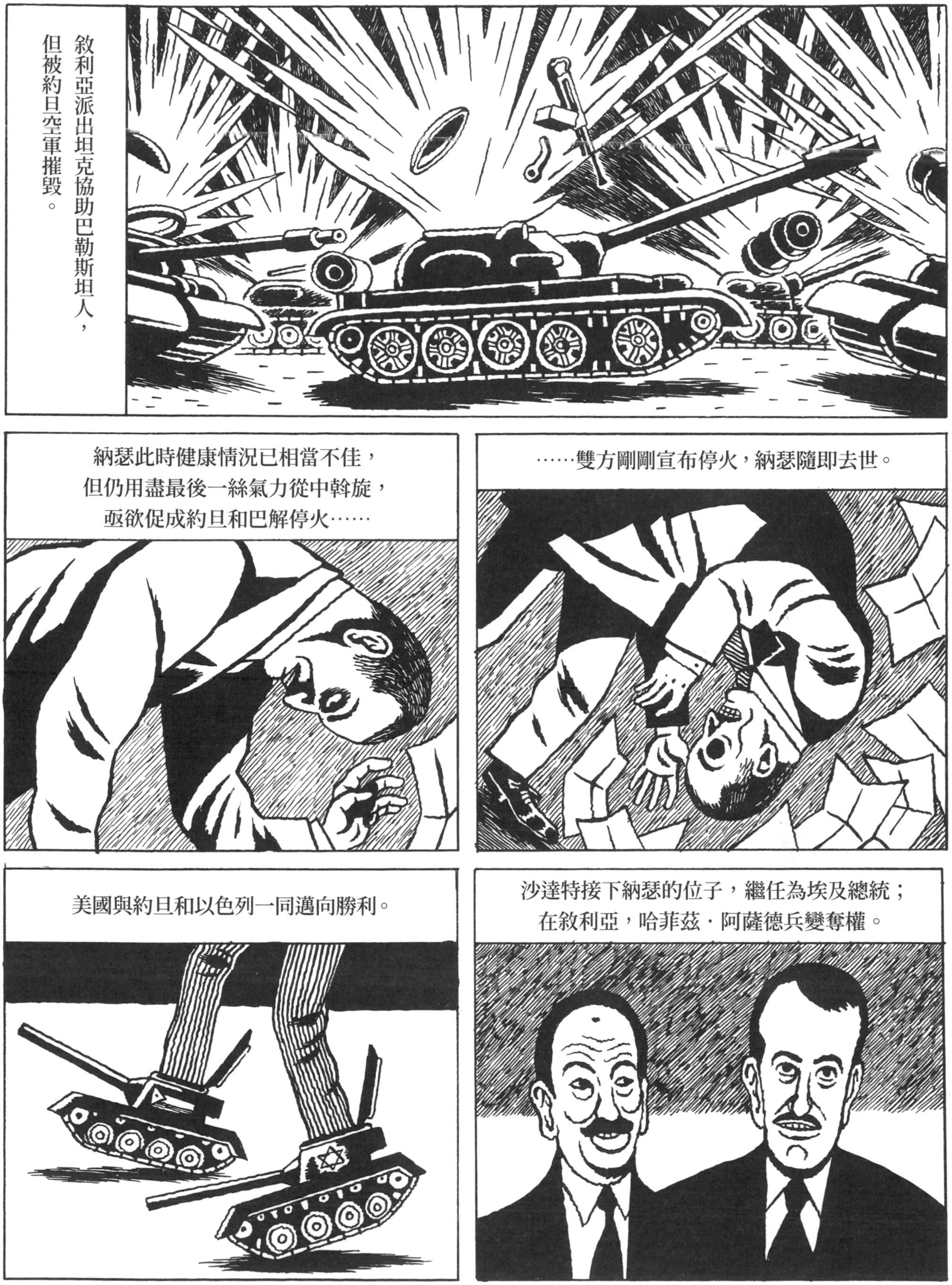
敘利亞派出坦克協助巴勒斯坦人，
但被約旦空軍摧毀。
納瑟此時健康情況已相當不佳，
但仍用盡最後一絲氣力從中斡旋，
亟欲促成約旦和巴解停火……
……雙方剛剛宣布停火，納瑟隨即去世。
美國與約旦和以色列一同邁向勝利。
沙達特接下納瑟的位子，繼任為埃及總統；
在敘利亞，哈菲茲．阿薩德兵變奪權。

1971年，伊朗國王穆罕默德．禮薩．巴勒維在波斯波利斯盛大慶祝伊朗帝國兩千五百年。
在這些衝突中，他公開站在以色列這邊。
1972年，尼克森連任，對以色列的要求照單全收。
戴陽和軍方開始自認無所不能。
他們沒料到的是：
沙達特正暗中計畫
和敘利亞聯手突襲。

1973年10月6日，以色列
贖罪日當天，埃及和敘利亞
攻破以色列防線。
當時也正好是伊斯蘭齋戒月。

雖然以色列成功守住
西奈半島和戈蘭高地，
他們還是大為震驚。

沙達特的部隊跨過蘇伊士運河，
他希望第三軍持續進攻。

10月12日，尼克森呼籲停火，
埃及拒絕，尼克森以此為由
組織空中運補，支援以色列。

蘇聯也一樣，為阿拉伯軍隊
提供武器和彈藥。

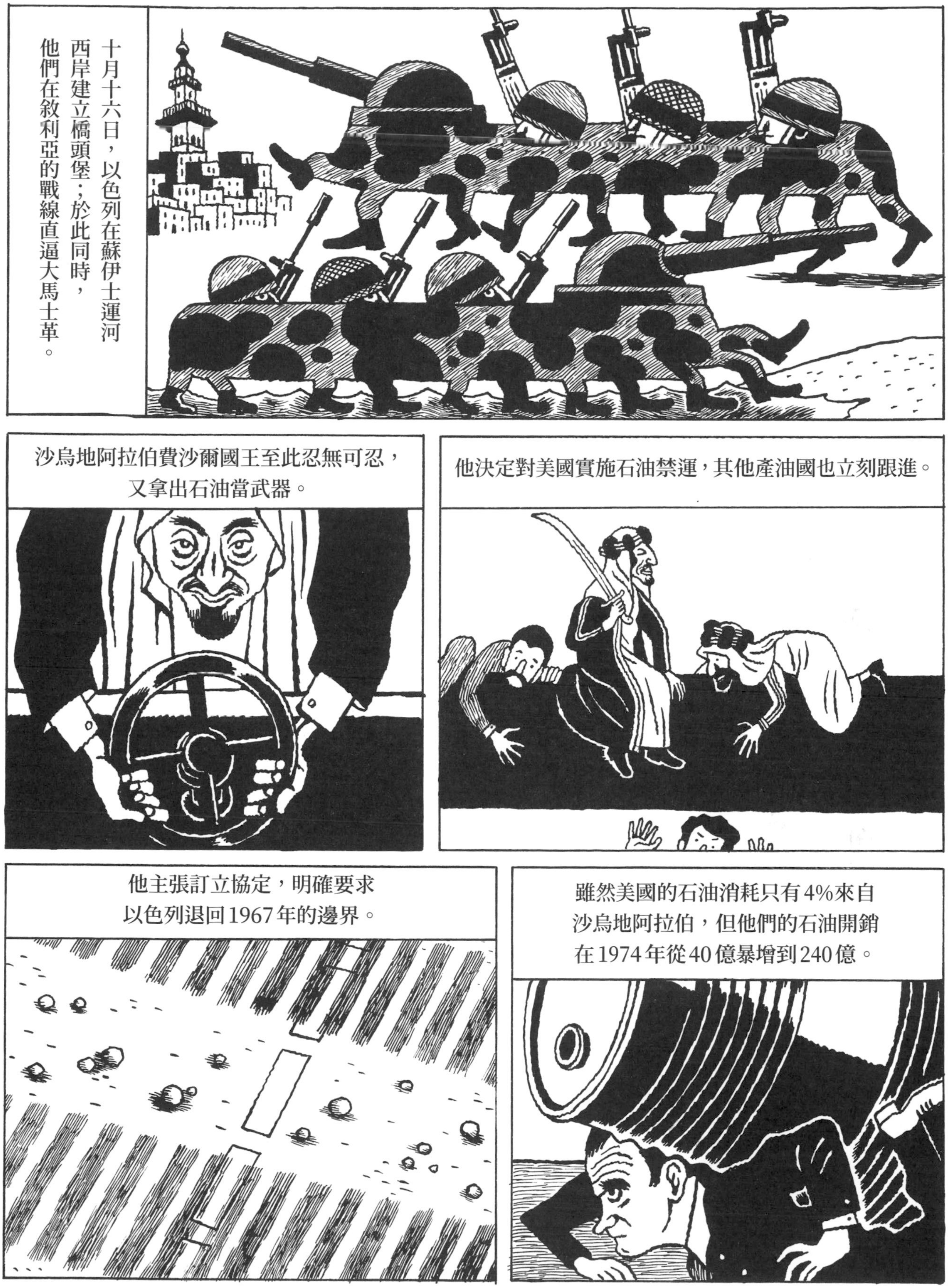
十月十六日，以色列在蘇伊士運河西岸建立橋頭堡；於此同時，他們在敘利亞的戰線直逼大馬士革。
沙烏地阿拉伯費沙爾國王至此忍無可忍，又拿出石油當武器。
他決定對美國實施石油禁運，其他產油國也立刻跟進。
他主張訂立協定，明確要求以色列退回1967年的邊界。
雖然美國的石油消耗只有4%來自沙烏地阿拉伯，但他們的石油開銷在1974年從40億暴增到240億。

伊朗拜國王巴勒維拒絕加入石油禁運之賜，
坐收石油價格暴漲之利。
10月22日，聯合國安理會呼籲立刻停火，
以色列拒絕。
因為埃及第三軍已在西奈半島
陷入重圍，以色列想一舉殲滅他們。
蘇聯軍隊進入緊戒狀態，
甚至考慮核武威脅。
以色列終於在美國壓力下讓步。

這場戰爭打了18天……
比1967年那場戰爭
足足長了三倍。
西方陣營也因此
起了嫌隙，一邊是
認同以色列的美國，
一邊是十分依賴
阿拉伯石油的
歐洲和日本。

季辛吉在中東
縱橫捭闔，強行推銷
一條簡單的原則：
阿拉伯人甭想在這裡
打贏任何戰爭……
……就算有蘇聯
幫忙也不可能。
沒有美國支持，
就別做和平的夢。

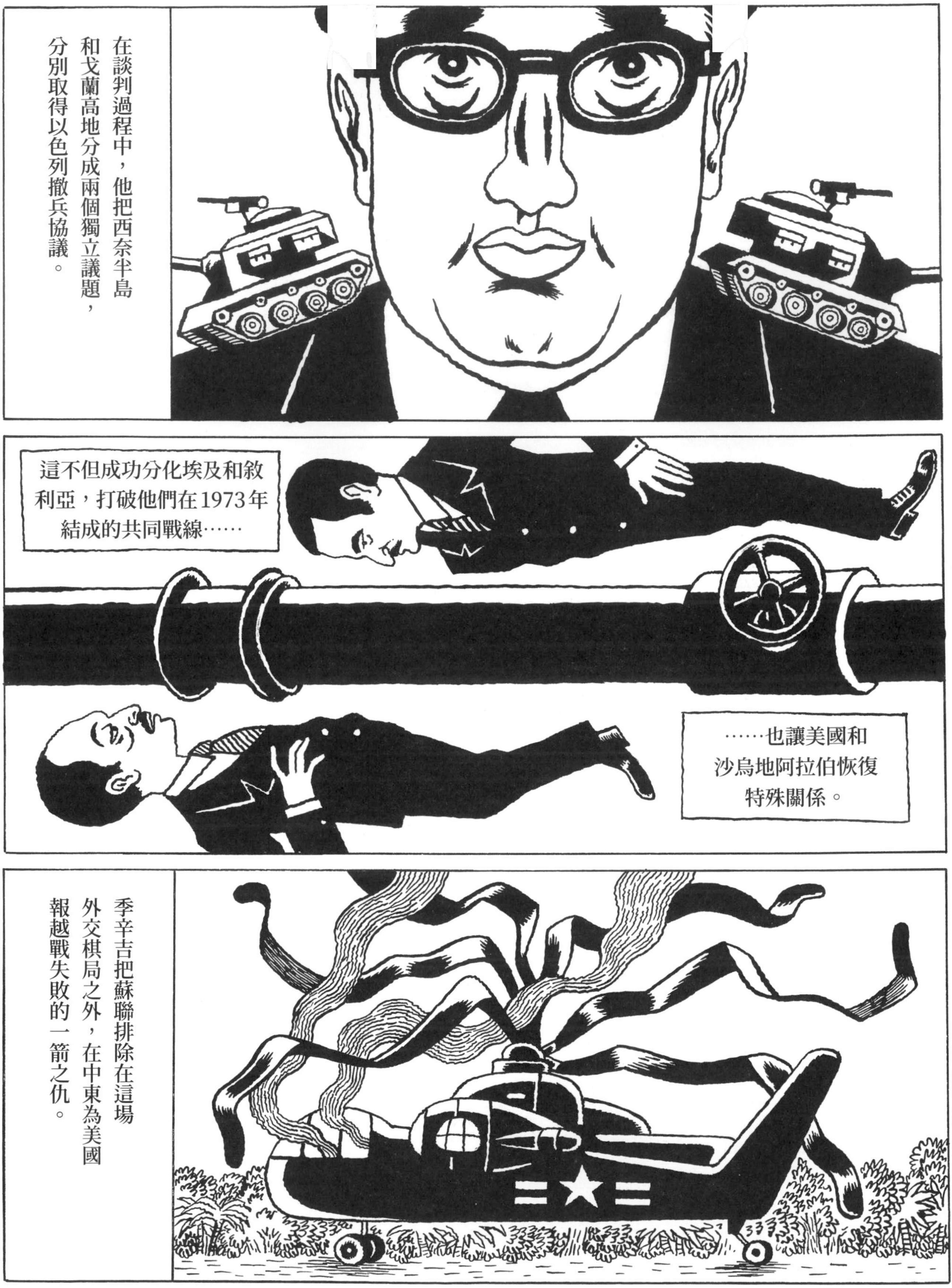
在談判過程中，他把西奈半島
和戈蘭高地分成兩個獨立議題，
分別取得以色列撤兵協議。
這不但成功分化埃及和敘利亞，打破他們在1973年結成的共同戰線……
……也讓美國和沙烏地阿拉伯恢復特殊關係。
季辛吉把蘇聯排除在這場
外交棋局之外，在中東為美國
報越戰失敗的一箭之仇。

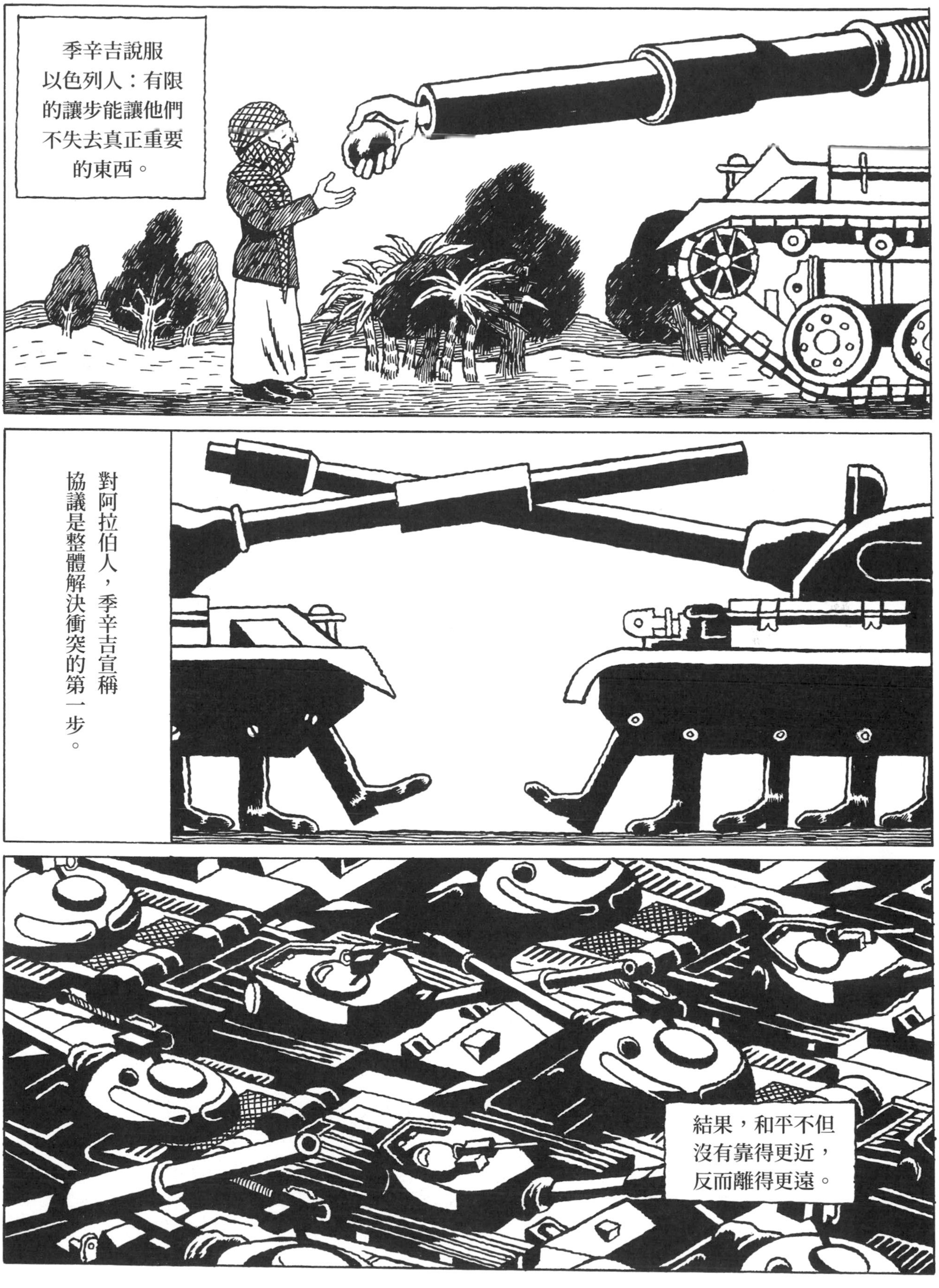
季辛吉說服以色列人：有限的讓步能讓他們不失去真正重要的東西。
對阿拉伯人，季辛吉宣稱協議是整體解決衝突的第一步。
結果，和平不但沒有靠得更近，反而離得更遠。

7 1979

1979年是美國在中東的重要轉捩點。
1976年，美國還沒從越南創傷中恢復，選出一個沒什麼名氣的喬治亞州民主黨人當總統：吉米·卡特。
卡特信教虔誠，很不屑前兩位共和黨總統的圓滑作風，決心改正尼克森和福特的道德曖昧立場。

他極為厭惡季辛吉毫不掩飾的權謀手段，也看不慣他一再支持親西方的獨裁者。
他呼籲以色列和阿拉伯世界和解——既然都是「亞伯拉罕的子孫」，就不該兵戎相見。
1977年，埃及總統沙達特訪問耶路撒冷，算是為和談鋪好了路。
在以色列，右翼色彩濃厚的梅納罕·比金於同年組閣。
比金對巴勒斯坦立場強硬……
……但他願意對埃及讓步，騰出氣力加強控制約旦河西岸。他相信這片「猶太－撒馬利亞區」是「大以色列」的一部分。

1978年，卡特邀
比金和沙達特到
大衛營進行閉門談判。
他親自穿梭
為雙方斡旋。

他費盡心思讓
雙方簽署協議，這
也讓比金和沙達特
拿下諾貝爾和平獎。
然而實際上，
1979年只是
惡夢的開始。

伊朗革命
1953年，伊朗宗教領袖阿亞圖拉曾率神職人員反對總理摩薩台，說他是「共產威脅」，並支持親美政變，力挺國王。
不過，雄心勃勃的何梅尼也漸漸嶄露頭角，從神職人員中脫穎而出。因為他嚴厲抨擊國王治國無方，給美方顧問太多特權。
何梅尼結合民族主義和宗教保守主義，凝聚起一股反對國王獨裁的勢力。他成了這場運動的精神領袖，在1965年流亡伊拉克。
1978年，伊朗街頭接連爆發血腥示威。

每次抗爭都有「烈士」，這些「烈士」又激起下一場抗爭。
示威愈演愈烈，一次比一次暴力。

在伊拉克，沙達姆·海珊見識到這位什葉派大老的影響力，對他心存忌憚。
因此，他開始想方設法擺脫何梅尼。

瓦勒里・季斯卡・德斯坦主政下
的法國，不論在經濟或軍事上
都跟伊拉克走得很近。
他幫忙接下這位伊朗宗教領袖。
何梅尼沒讓
東道主為難，
對外謹言慎行。
A
但他慷慨激昂
的錄音帶
傳遍伊朗。
在伊朗首都
德黑蘭，示威
開始拿
「腐化西方」
的象徵開刀。
1978年10月
23日，酒吧、
飯店、戲院、
餐廳被
洗劫一空。

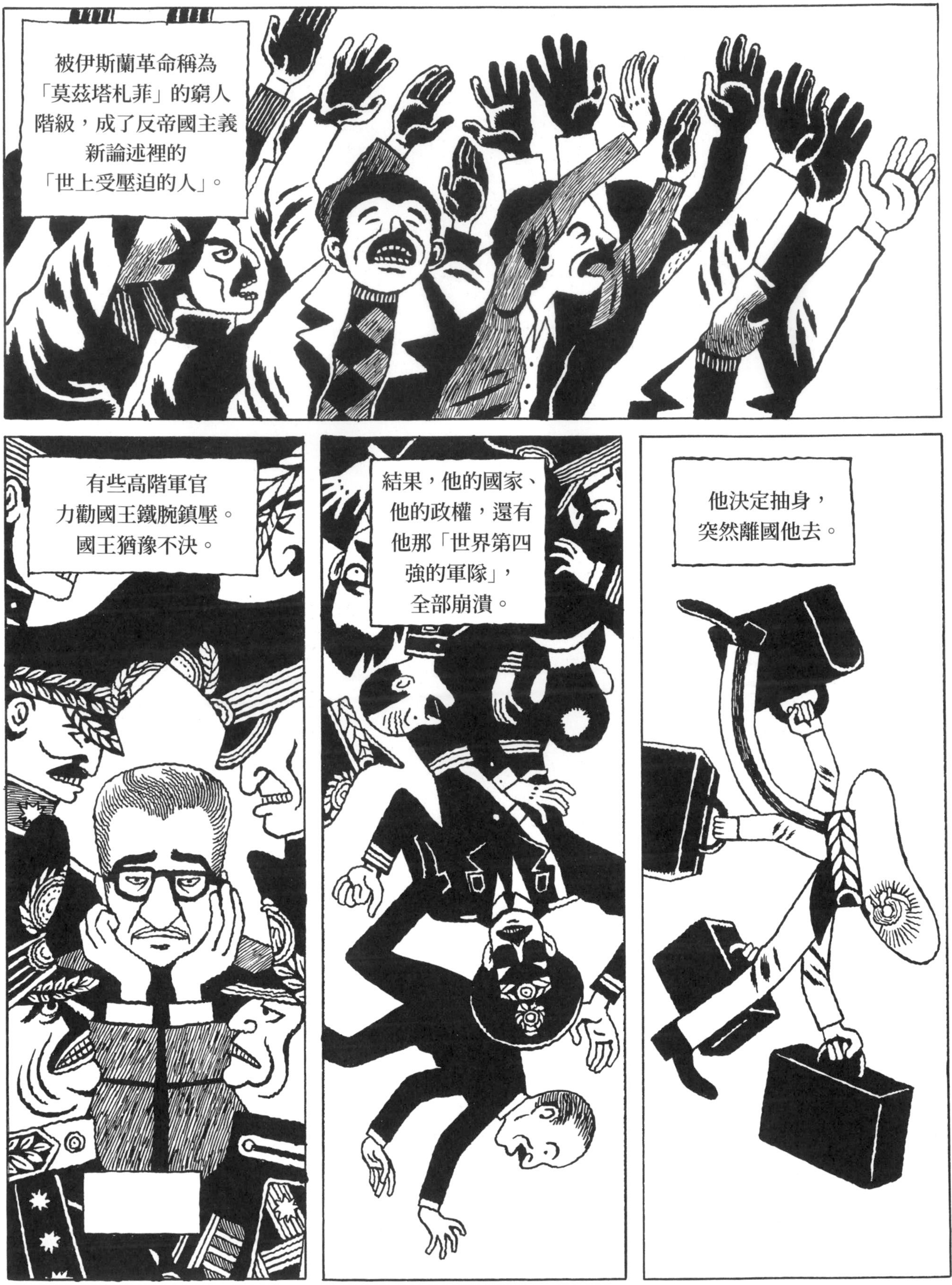
被伊斯蘭革命稱為
「莫茲塔札菲」的窮人
階級，成了反帝國主義
新論述裡的
「世上受壓迫的人」。
有些高階軍官
力勸國王鐵腕鎮壓。
國王猶豫不決。
結果，他的國家、
他的政權，還有
他那「世界第四
強的軍隊」，
全部崩潰。
他決定抽身，
突然離國他去。

1979年2月1日，
阿亞圖拉·何梅尼返抵
德黑蘭，迎接人潮以百萬計。

2月11日，史上
第一場伊斯蘭革命
成功，曾有「波斯
灣憲兵」之稱的
伊朗立場丕變。

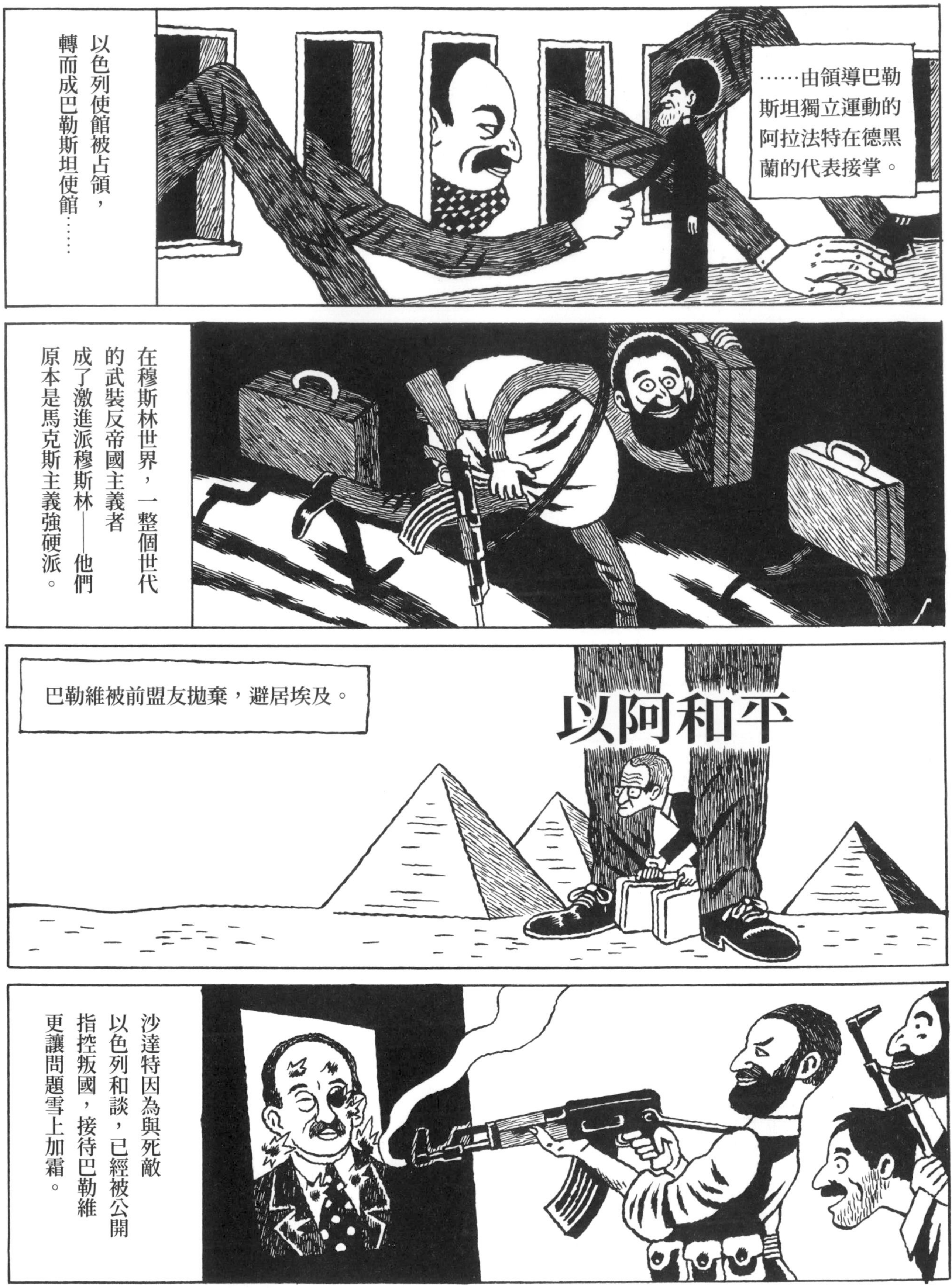
以色列使館被占領，轉而成巴勒斯坦使館……
……由領導巴勒斯坦獨立運動的阿拉法特在德黑蘭的代表接掌。
在穆斯林世界，一整個世代的武裝反帝國主義者成了激進派穆斯林——他們原本是馬克斯主義強硬派。
巴勒維被前盟友拋棄，避居埃及。
以阿和平
沙達特因為與死敵以色列和談，已經被公開指控叛國，接待巴勒維更讓問題雪上加霜。

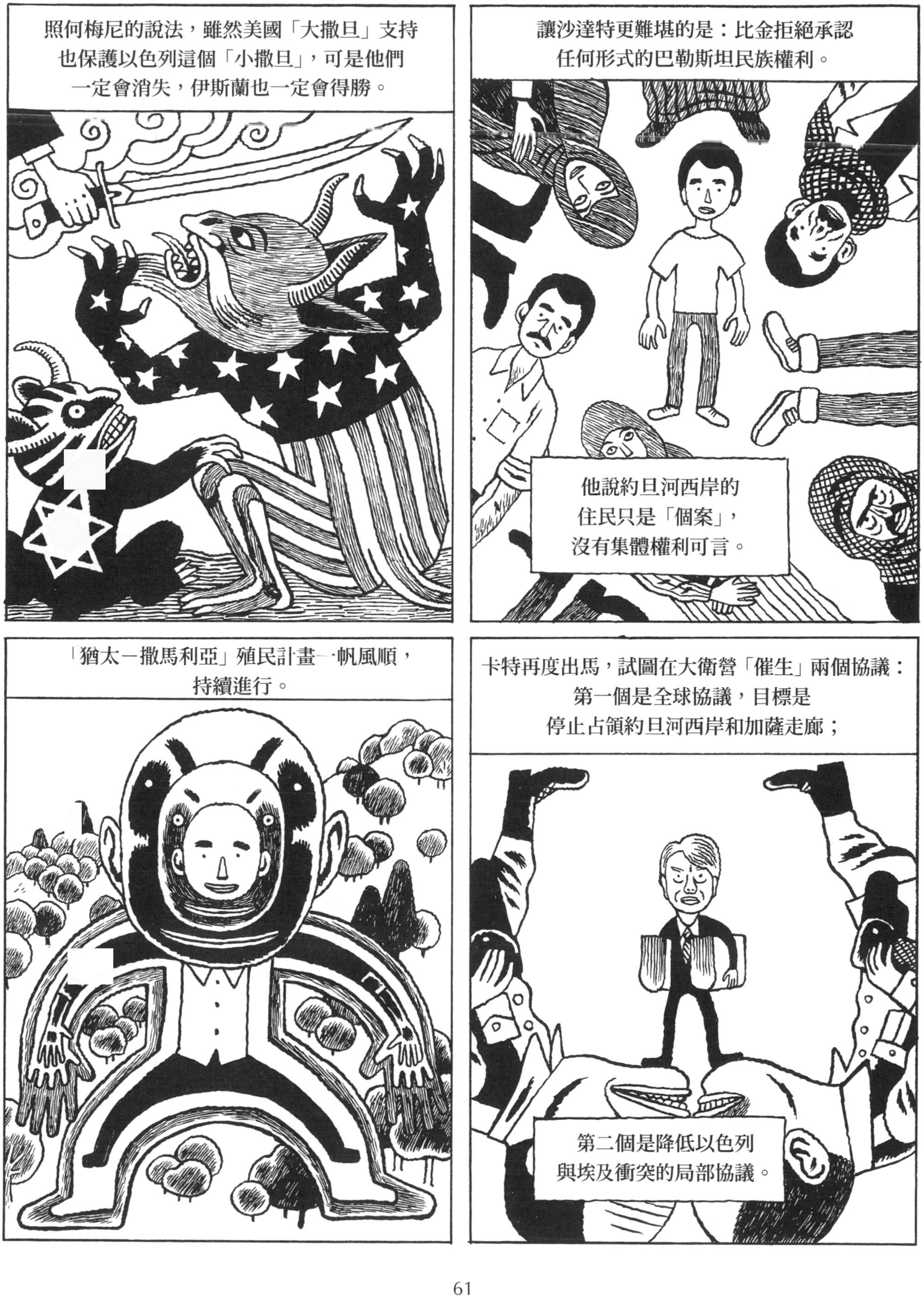
照何梅尼的說法，雖然美國「大撒旦」支持
也保護以色列這個「小撒旦」，可是他們
一定會消失，伊斯蘭也一定會得勝。
讓沙達特更難堪的是：比金拒絕承認
任何形式的巴勒斯坦民族權利。
他說約旦河西岸的
住民只是「個案」，
沒有集體權利可言。
「猶太－撒馬利亞」殖民計畫一帆風順，
持續進行。
卡特再度出馬，試圖在大衛營「催生」兩個協議：
第一個是全球協議，目標是
停止占領約旦河西岸和加薩走廊；
第二個是降低以色列
與埃及衝突的局部協議。

第一個協議因為比金全面阻撓
而滅頂，但以埃和平保住了。

以色列藉此取
得三重勝利：
在象徵意義上，
以色列獲得埃及
正式承認，並建立
外交關係。
在戰略層次，
以色列與最難對付的
敵人化解干戈。
在政治方面，這
分化了阿拉伯陣營。

埃及獲得美國
實質援助，從而
擺脫納瑟色彩。
對既支持西方
也親伊斯蘭的
權力新貴來說，
這是有利的。
從1979到1982年，
西奈半島分
三階段歸還埃及。
但埃及也被
阿拉伯聯盟
除名。
雖然僅僅取得部分和平，但
卡特應該滿意這樣的結果。
畢竟以色列獲益最大，
埃及被邊緣化，各方
鷹派勢力也得到安撫。

黑色十一月
伊朗則是另一回事：伊斯蘭共和國政體才剛剛通過公民複決，便陷入黨派之爭。
阿亞圖拉·何梅尼開始露出真正意圖。
態勢越來越明顯：他想成為神權政體的最高領袖。
越來越多人被草率處死。
阿亞圖拉·哈卡里將寬仁斥為反革命。

各方歧見越來越深。
重視秩序的人對抗自命為民兵的人。
波斯民族主義者對上為庫德族或阿拉伯人發聲的人。
社會主義者結合伊斯蘭主義，對抗傾經濟自由主義的「小資產階級」。
政治「清流」堅不妥協，反對任用前朝官員。

分歧逐漸擴大。到了夏天，
每一方都指控政敵是外國傀儡。

11月4日，挺何梅尼的
「伊瑪目學生門徒陣線」攻擊美國使館。
他們說使館根本是「間諜窩」。
學生拉66名人質
遊街示眾。
這場危機讓挺何梅尼的人氣大漲，
其他派系隨即噤聲。
伊朗總理邁赫迪．巴扎爾甘遭指
作風過於自由，被迫辭職。

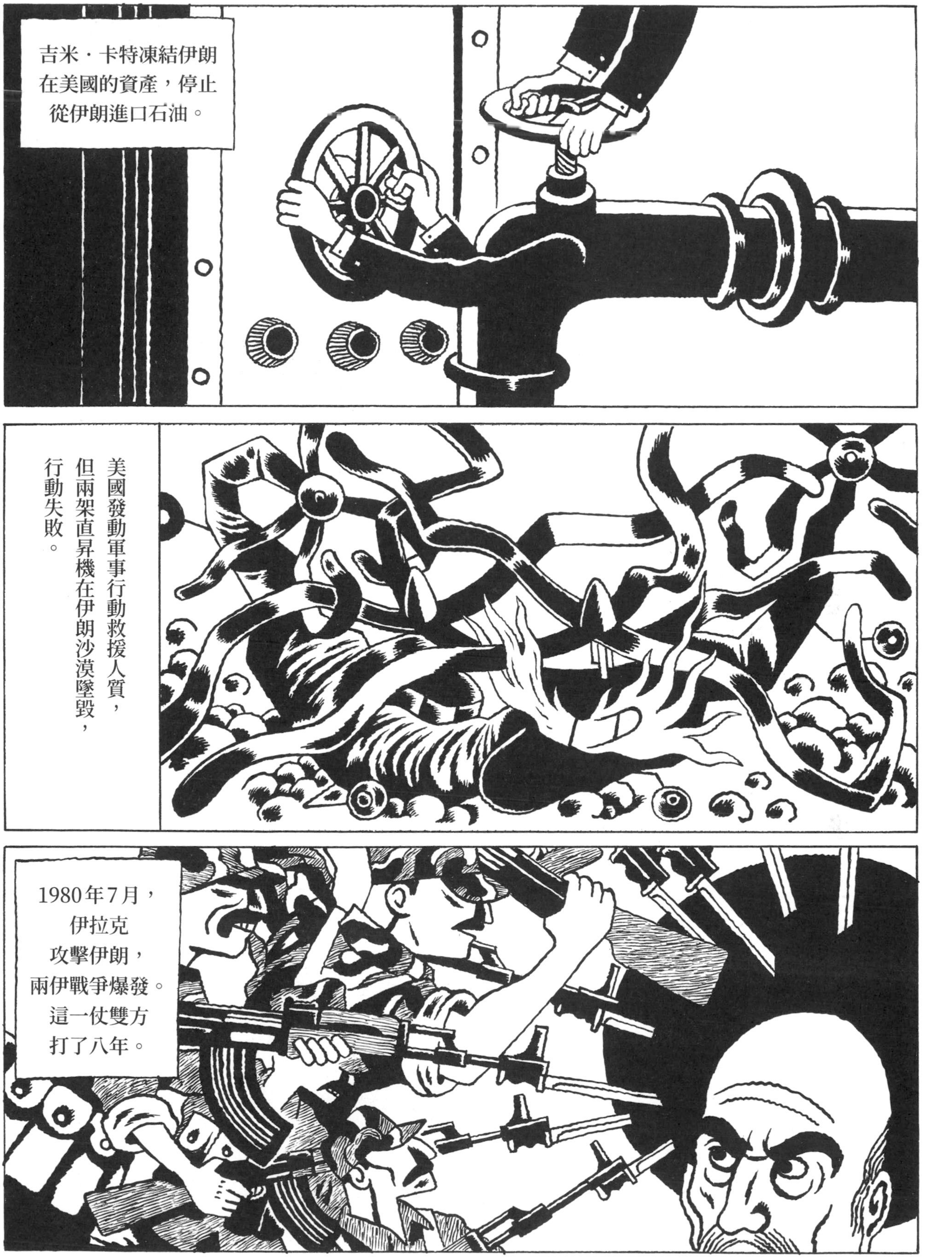
吉米·卡特凍結伊朗在美國的資產，停止從伊朗進口石油。
美國發動軍事行動救援人質，但兩架直昇機在伊朗沙漠墜毀，行動失敗。
1980年7月，伊拉克攻擊伊朗，兩伊戰爭爆發。這一仗雙方打了八年。

11月美國總統選舉之前，阿爾及利亞居中斡旋，商談釋放人質的條件。
共和黨陣營則繞過民主黨政府，自行與伊朗談判。

這不只給伊朗送上更多籌碼，也延遲人質釋放時間。
雷根就職典禮後10分鐘，德黑蘭宣布釋放人質。

麥加大屠殺
1979年11月20日在沙烏地阿拉伯，一群宗教極端派攻占麥加的大清真寺。

沙烏地當局進行燈火管制，
在法國突擊隊協助下與叛軍激戰，
奪回大清真寺，弭平這起事件。
然而謠言也大肆流竄，
說美軍占領了這處聖地。
在巴基斯坦的伊斯蘭馬巴德，
數千名抗議者攻占美國使館，
巴勒斯坦出動軍隊才把他們趕走。

土耳其、孟加拉、
科威特和利比亞
也出現類似攻擊。

入侵阿富汗
自1978年起，莫斯科
支持的阿富汗共產黨
便掌握了全國權力。

蘇聯提供軍事支持，幫助他們
壓制各種伊斯蘭主義運動。

不過，讓蘇聯政治顧問最頭痛的問題其實是：
阿富汗共黨高層嚴重不合，派系之間勢同水火，
要安撫他們並不容易。
1979年秋，內鬥愈演愈烈。
為防止阿富汗政權崩潰，
紅軍於12月27日直接出手干預。
蘇聯刺殺阿富汗領導人哈菲佐拉．阿明，
換上自己的傀儡巴布拉克．卡爾邁勒。
蘇聯也控制住阿富汗各大要道。

可是，「異教徒」入侵也激起
阿富汗人的怒火，他們紛紛起事，
以聖戰之名發動攻擊。
121

美國雖然譴責動用武力，
但國家安全顧問布里辛斯基
另有所謀：讓蘇聯陷在這是非之地，
不是挺好的嗎？

這既能為越戰失敗報一箭之仇，
又能消耗蘇聯國力——何況他們
已經被拖進大規模軍事競賽裡了。

華府決定打
這場代理戰爭。
巴基斯坦
特勤單位
控制在邊境
的訓練營……
……沙烏地
軍方拿到
CIA的資金
支援叛軍。
有個沙烏地阿拉伯人
也受到阿富汗聖戰感召，
不只親赴巴基斯坦，
也在波斯灣為這場聖戰募捐。
這人慷慨大方，
很快就成了呼風
喚雨的人物。

8 黎巴嫩 1982-1984

1975年，黎巴嫩
醞釀已久的內戰終於爆發，
基督徒與巴勒斯坦難民
及其盟友大打出手。

雖然敘利亞在
1976年出兵干預，
但未能阻止暴行發生。

血腥事件頻傳，
有時是零星殺人，
有時是族群屠殺。

1978年換以色列出兵干預，試圖阻止巴解攻擊以國北部城市。
然而幾週之後，以色列國防軍還是撤退。
雷根和他的屬下堅定支持以色列。
以色列被當成自由世界的堡壘，對抗蘇聯阿拉伯盟友的前哨。
美國鼓動以色列騷擾敘利亞和巴解，希望能藉此削弱蘇聯對中東的影響。

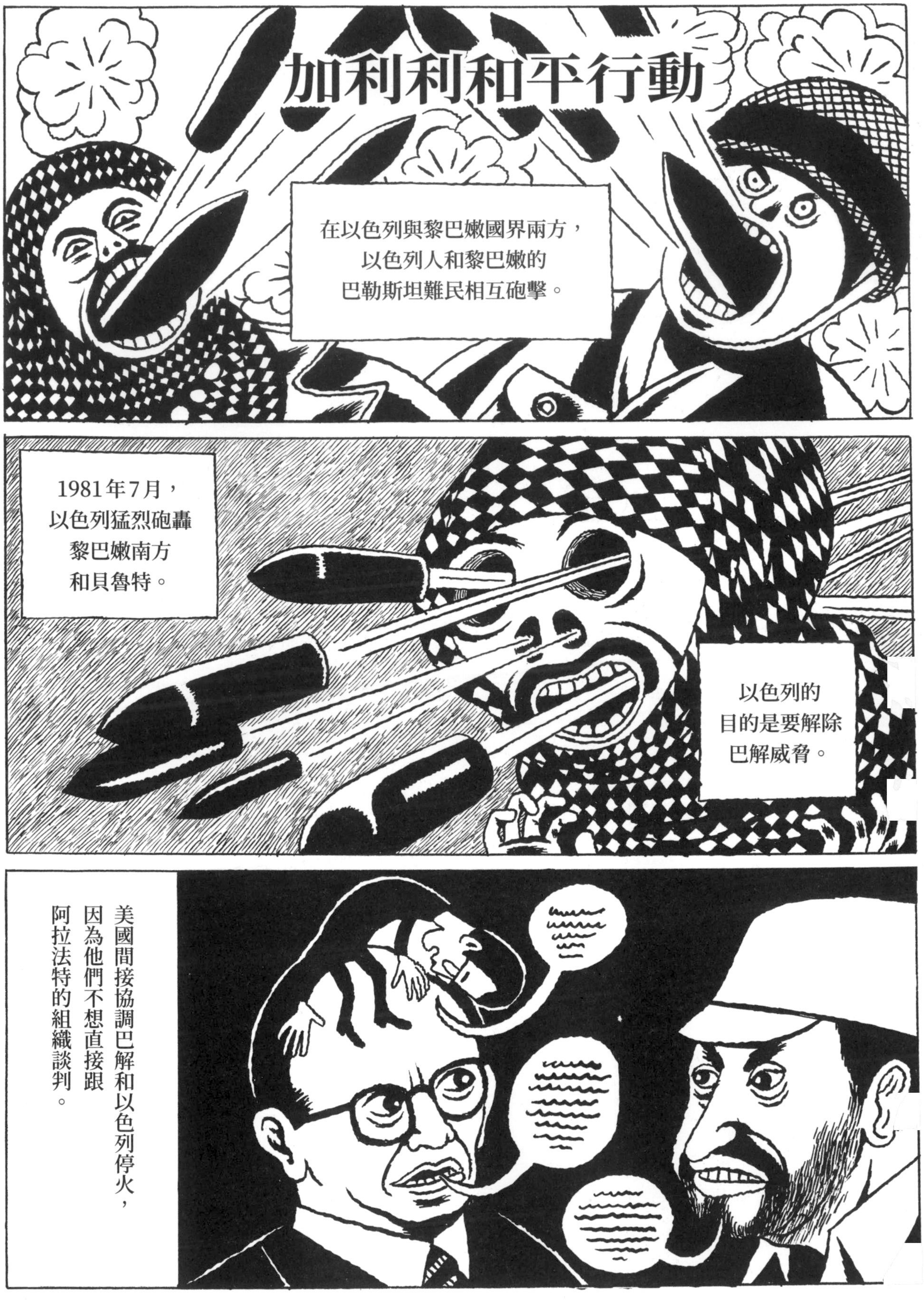
加利利和平行動
在以色列與黎巴嫩國界兩方，
以色列人和黎巴嫩的
巴勒斯坦難民相互砲擊。
1981年7月，
以色列猛烈砲轟
黎巴嫩南方
和貝魯特。
以色列的
目的是要解除
巴解威脅。
美國間接協調巴解和以色列停火，
因為他們不想直接跟
阿拉法特的組織談判。

這次休戰維持了將近一年。
1982年6月3日，以色列駐倫敦大使遇刺。策劃這次行動是阿布·尼達爾的集團。
阿布·尼達爾原本也是巴解成員，因作風殘暴被巴解除名，阿拉法特也已判他死罪。
但是比金不管這些，他認定這次攻擊違反停火協議。

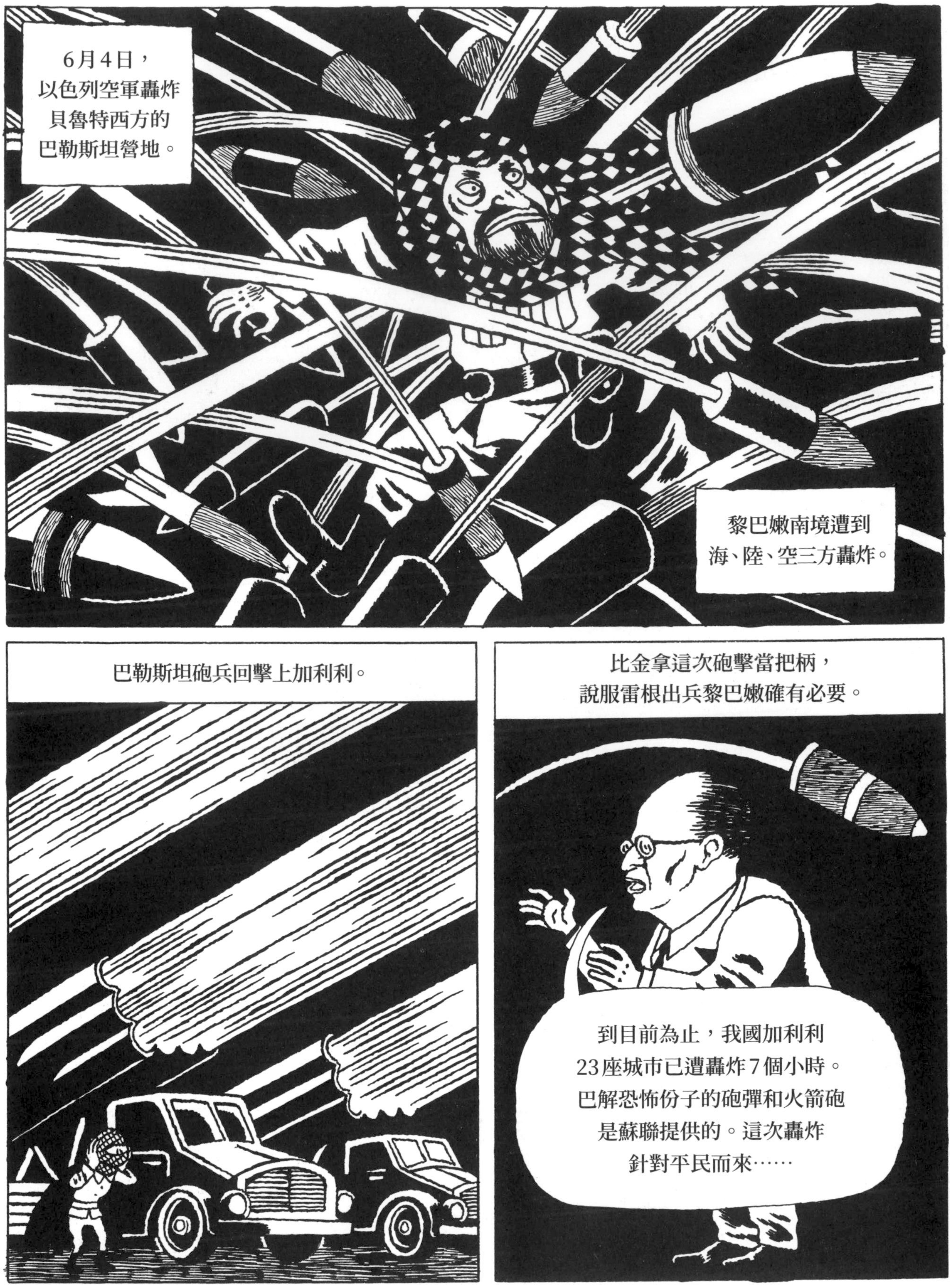
6月4日，
以色列空軍轟炸
貝魯特西方的
巴勒斯坦營地。
黎巴嫩南境遭到
海、陸、空三方轟炸。
巴勒斯坦砲兵回擊上加利利。
比金拿這次砲擊當把柄，
說服雷根出兵黎巴嫩確有必要。
到目前為止，我國加利利
23座城市已遭轟炸7個小時。
巴解恐怖份子的砲彈和火箭砲
是蘇聯提供的。這次轟炸
針對平民而來……

嗜血的敵人都逼到家門口了，我們難道連自衛的權利都沒有嗎？
我國軍隊已受命迎戰，逼恐怖份子向北撤退25哩。
我方對黎巴嫩領土毫無所圖，只希望與自由、獨立、領土完整的黎巴嫩簽訂和平條約。
以色列這次行動代號「加利利和平」。
美國不動聲色支持以色列出兵。
雷根與蘇聯領導人布里茲涅夫熱線不斷。
停戰？我們一兵一卒也沒派啊！
當然，我們會盡力阻止以色列。
蘇聯譴責以色列侵略，但沒出言恫嚇。
…
沙烏地阿拉伯被晾在一邊，它遇上了戰後最挺以色列的美國政府。
…

它轉向西方陣營另一個國家：法國。
美國國務卿亞歷山大·海格則大力推銷他的方案：
建立緩衝區，確保以色列北境安全。
在黎巴嫩，以色列重創
敘利亞空軍後直逼貝魯特。
21-04
敘利亞退出衝突，讓以色列人
和巴勒斯坦人直接對決，
只留下三千五百人的分遣隊
在貝魯特西方。

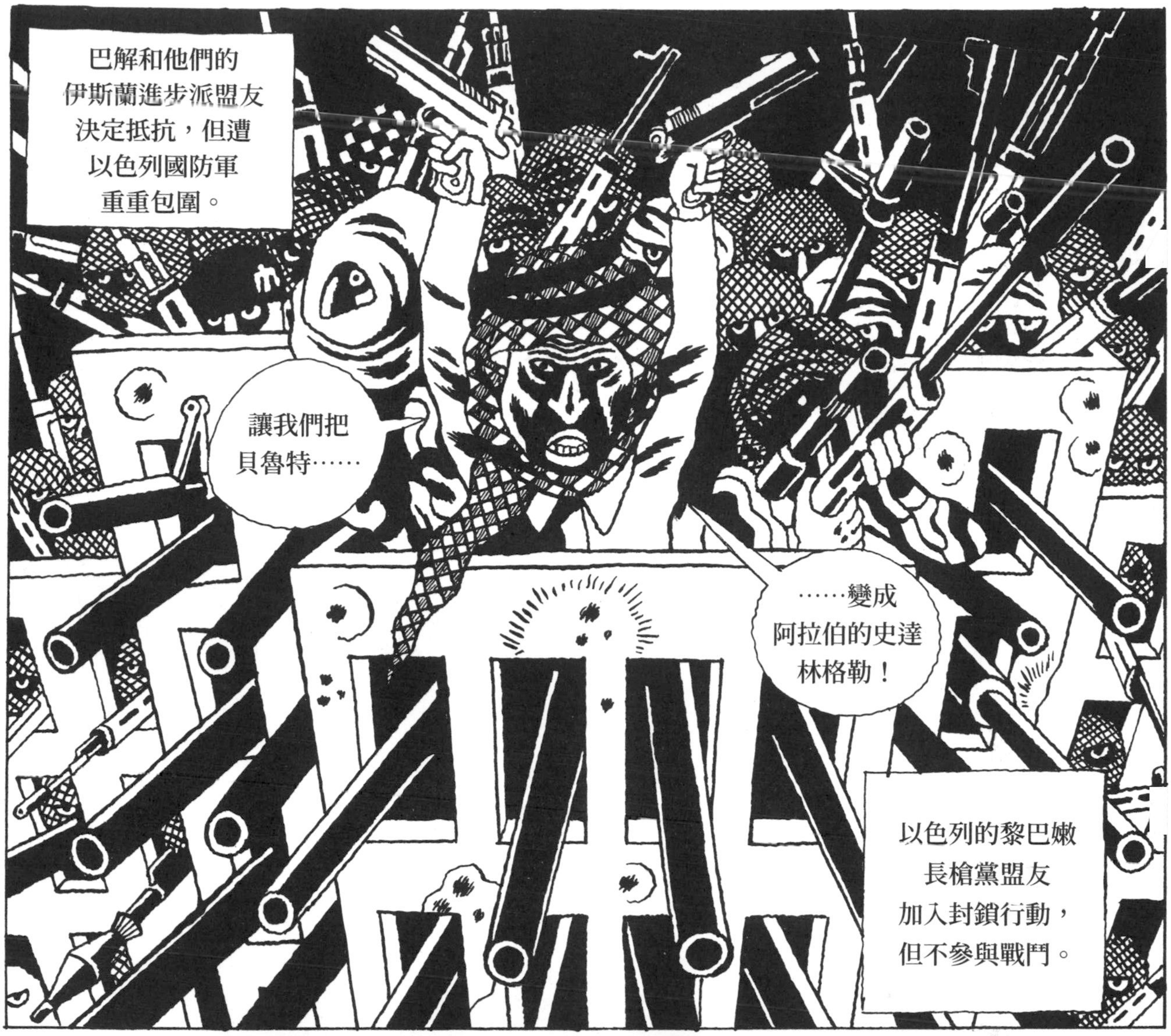
巴解和他們的
伊斯蘭進步派盟友
決定抵抗，但遭
以色列國防軍
重重包圍。
讓我們把
貝魯特……
……變成
阿拉伯的史達
林格勒！
以色列的黎巴嫩
長槍黨盟友
加入封鎖行動，
但不參與戰鬥。

亞歷山大．海格向法國外長謝松提議：
由沙烏地、科威特、法國、美國
就黎巴嫩問題建立聯絡組織。

謝松去密特朗總統在拉什的別墅見他。
我跟海格講得很清楚，這個計畫缺了關鍵部分：巴勒斯坦何去何從？
可是他對這個問題興趣缺缺。
同一天在華盛頓，以色列和法國大使會面。
要以色列從黎巴嫩撤軍，不能一蹴而就，中間該有個過渡階段……
……我們首先要做的是成立多國維和部隊。
哈比卜方案
1982年6月22日，巴勒斯坦人向法國駐黎巴嫩使館提出以下提議：
巴勒斯坦軍隊撤出貝魯特西部，交出大砲，人員重新歸整到四所難民營。

巴勒斯坦陣地周圍
可部署黎巴嫩軍隊。
以色列需自
貝魯特後撤
10公里。
法方將巴勒斯坦的提議轉達給
新的雷根特使菲利普・哈比卜。
此人熟悉當地情勢，曾在1981年
協調黎巴嫩南境停火。
美國拒絕這些提議。
他們的立場和以色列一樣：
巴解必須投降。

各方跳起一場細膩的外交芭蕾，為解決衝突各顯身手。
高潮戲之一是海格辭職，換喬治．舒茲當國務卿。
法國外交官大方出借他們舒適的辦公室，讓巴勒斯坦人和美國談判。
美國的整體戰略是擋下法國的倡議。
美國要求巴勒斯坦戰鬥人員解除武裝，離開黎巴嫩。
6月26日，聯合國安理會14個會員國投票支持法國的解決草案，美國加以否決。

為逼出協議，
美國開始散布
假消息……
……他們宣稱
巴解同意撤走
5,000名戰士，美國
海軍陸戰隊準備
登陸黎巴嫩。

在此同時，以色列收緊
對貝魯特西部的包圍，切斷水電供應，
也開始封鎖糧食補給。

8月4日，以色列
對貝魯特發動攻擊，
巴勒斯坦人激烈抵抗。

以色列國防軍認為
阿拉法特藏身於
一棟公寓式建築，
用油氣彈轟了它。
以色列領導
階層瘋狂追殺
阿拉法特。
阿拉法特
不得不
一再更換
藏身地點。
8月10日，以色列發動
另一波攻擊，仍舊失敗。
最後，以色
列還是決定
接受哈比卜
方案……
……但他們
繼續攻擊
貝魯特。

雷根大怒，親自要求
比金停止轟炸。

撤軍
黎巴嫩政府
接受哈比卜
方案後，巴解
隨之跟進。
黎巴嫩請法國、
義大利和美國
組成多國
維和部隊。

8月21到25日，各國部隊
陸續抵達。巴勒斯坦撤兵過程
尚稱平順，只與以色列發生
幾起小型衝突。
撤出貝魯特的
敢死隊員超
過14,000名。

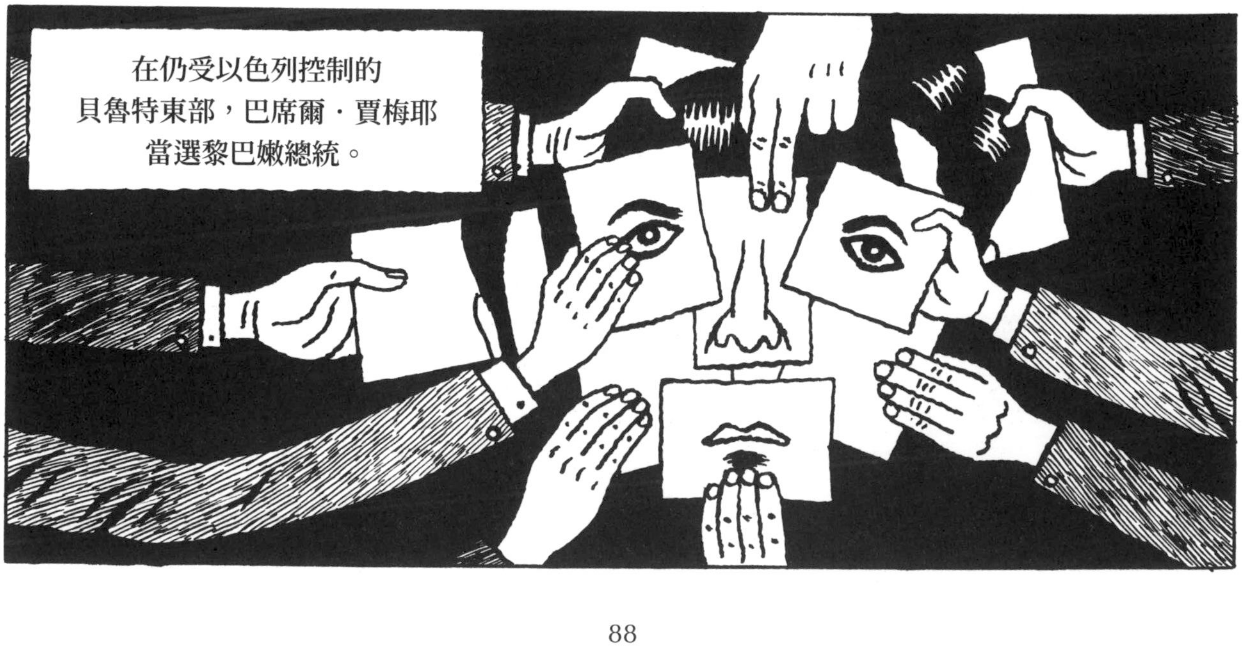
在仍受以色列控制的
貝魯特東部，巴席爾．賈梅耶
當選黎巴嫩總統。

親西方人士當選總統，
以色列軍隊功不可沒。
8月30日，阿拉法特在法軍
和法國外長的護送下離開貝魯特。
賈梅耶當選和
巴勒斯坦人撤退，
對「伊斯蘭進步派」
是一記重擊。
不論從軍事或政治層面
來看，這都是一場挫敗。

得知阿拉法特成功脫身，
以色列國防部長夏隆大怒，
嚴詞抨擊法國總統密特朗。
巴解是恐怖組織，
是一群兇手！密特朗總統
此舉等於是鼓勵他們，
等於是延長戰爭！
雷根方案
9月1日，雷根發表
演說，有意以大衛營
協議為基礎，讓
巴勒斯坦問題重上軌道。
他呼籲以色列停止
在約旦河西岸和
加薩走廊屯墾……
……以色列國防軍
撤出1967年
占領的土地……
……建立與約旦聯合的
巴勒斯坦自治政府。
以色列拒絕
雷根方案。

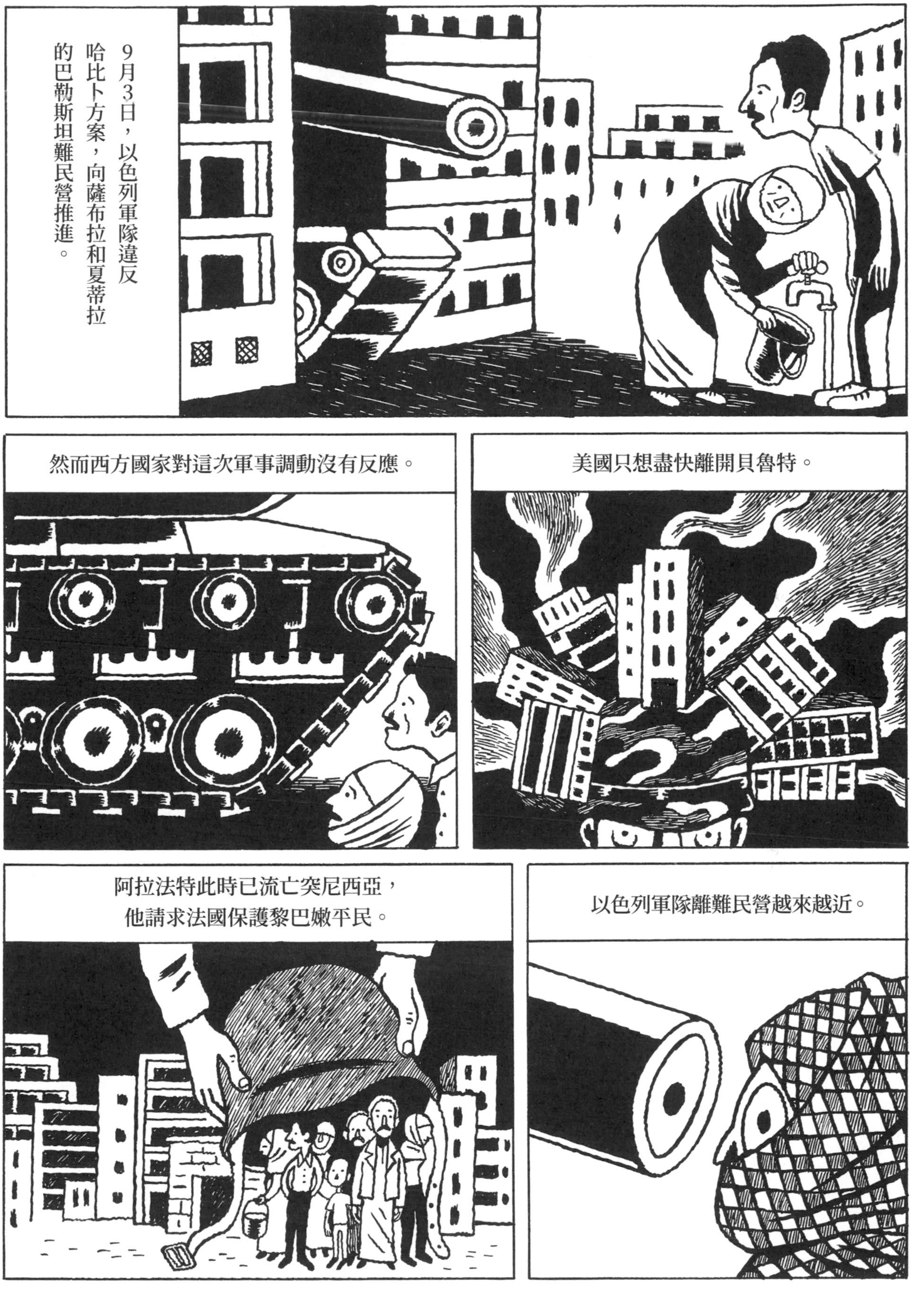
9月3日，以色列軍隊違反
哈比卜方案，向薩布拉和夏蒂拉
的巴勒斯坦難民營推進。
然而西方國家對這次軍事調動沒有反應。
美國只想盡快離開貝魯特。
阿拉法特此時已流亡突尼西亞，
他請求法國保護黎巴嫩平民。
以色列軍隊離難民營越來越近。

以色列國防軍聲稱：巴勒斯坦敢死隊
和黎巴嫩民兵還躲在貝魯特南方，
一定得動用武力驅逐他們。

9月10日，
多國部隊裡的美軍
撤離黎巴嫩。
義大利軍隊於
11日撤離，法軍
則於13日撤離。

9月14日，刺客炸毀長槍黨總部，
黎巴嫩總統賈梅耶也在這場攻擊中罹難。

隔日，以色列軍隊向貝魯特西部發動攻擊，
「伊斯蘭進步派」民兵仍在此地抵抗。
16日晚，長槍黨民兵入侵薩布拉和夏蒂拉，
屠殺手無寸鐵的平民。
消息一出，舉世譁然。
特拉維夫有四十萬名以色列人
上街抗議，質問夏隆和比金
在這場屠殺中的角色。
政府調查委員會發現：
以色列對此負有間接責任，
夏隆則應親自負責。

重回貝魯特

聯合國要求保護
貝魯特平民。
華府重新促成
不歸聯合國指揮的
多國部隊。
除了法國、美國
和義大利之外，
這次還有
英國加入。

9月21日，黎巴嫩國會
選舉阿明·賈梅耶為總統——
他是前任總統巴席爾·賈梅耶的哥哥。

1983年3月，
多國部隊首次遭到攻擊，
「伊斯蘭聖戰」運動宣稱
是他們下的手。

部分武裝勢力在伊朗支持和金援下，自行宣布在巴勒貝克成立伊斯蘭共和國，吸引不少什葉派激進份子。
外交人士認為他們與「伊斯蘭聖戰」有關。
這些激進派中最重要的是「伊斯蘭阿邁勒派」，他們是阿邁勒運動*的一支。
不過，真正站在黎巴嫩舞台上的是真主黨。
4月18日，美國使館遭炸彈攻擊，CIA近東站長當時正在與手下開會，他也在攻擊中喪生。

＊ 黎巴嫩什葉派民兵組織，1975年內戰後崛起。

伊斯蘭聖戰組織宣稱犯案，發行郵票紀念。
以色列和黎巴嫩當時已在雷根政府支持下展開談判，這場攻擊加速了他們的進程。
雙方決定在黎巴嫩南部畫出「安全帶」，由黎巴嫩兩個陸軍旅巡邏，以色列國防軍則有「檢查權」。
以色列同意撤軍，條件是敘利亞軍隊也同樣撤軍。

在這當口，黎巴嫩德魯茲派*進步社會主義黨舉事，與敘利亞聯手將黎巴嫩政府軍逐出舒夫地區。
德魯茲派一路推進到貝魯特的門戶蘇克・嘎布。美軍在九月十一日介入，力挺黎巴嫩政府軍，以砲彈擊退進步社會主義黨民兵。
美國繼續派出更多軍隊和戰艦。

* 德魯茲派（Druze）源於伊斯蘭什葉派，與主政的天主教馬龍派（Maronites）向來不合。

蘇聯默默在敘利亞背後操盤，分裂的黎巴嫩正好施展身手：
一方面暗助盟友獲利，另一方面能好好羞辱美國和它的跟班。
「阿拉法特派」巴勒斯坦人的避難所，現在被敘利亞和巴勒斯坦內部反對派包圍。
敘利亞軍隊占領貝卡。
在敘利亞羽翼下，巴勒斯坦內部反對派和支持何梅尼的民兵逐漸壯大。
麥滕山脈和凱斯萊旺由基督徒民兵控制。
首都貝魯特在政府軍和多國部隊手裡。
但貝魯特南郊漸漸成了什葉派自治區。
舒夫地區是德魯茲派進步社會主義黨的禁臠。
以色列國防軍占領黎巴嫩南部。

10月23日，自殺炸彈客開滿載火藥的卡車
發動攻擊，炸毀兩處設施：
法國傘兵部隊的德拉卡基地……
……以及美國海軍陸戰隊軍營。
10月26日，美國副總統
喬治·布希親訪貝魯特。各方預料
美國即將展開大規模報復行動。
沒想到美國派兵
前往格瑞那達，
推翻親古巴政權。
12月3日，美國軍機
在舒夫執行偵察任務時，
遭敘利亞砲兵襲擊。
次日，美國
轟炸機狂炸
敘利亞陣地。

在貝魯特，
多國部隊一再
成為攻擊目標。
黎巴嫩國內的
反政府派系
不斷出手，拚命
要把外國軍隊
趕出去。
黎巴嫩政府軍相反，
他們向多國部隊求助，希望能一起
把阿邁勒什葉派逐出貝魯特南部。
美國同意，
但其他國家
拒絕。
1984年2月3日，
黎巴嫩政府軍獨自進攻阿邁勒陣地，
不料，由什葉派士兵組成的
第六旅倒戈。

眼見黎巴嫩政府軍兵敗如山倒，
英、美、義三國部隊撤回艦上。
雷根的說法是部隊「離岸」部署。
1984年3月5日，黎國總統
阿明．賈梅耶被迫撕毀涉及黎巴嫩南部
的以－黎和平協議＊。
對雷根身邊那些鼓吹新冷戰的
鷹派來說，這是一大挫敗。

＊ 這項協議於1983年5月17日簽訂，內容如96頁所述。但因阿明．賈梅耶受美國和以色列壓力極大，反對派極為不滿，認為這無異於將黎巴嫩南部拱手讓人。

由於以色列執政的
聯合黨拒絕對
巴勒斯坦問題做
任何讓步，「雷根方案」
胎死腹中。
CIA和美國海軍
陸戰隊損失慘重，
美國也未能阻止
黎巴嫩政府軍瓦解。
美國原本的盤算是先讓
以色列和黎巴嫩和解，
再透過這兩個國家對中東
施力，但隨著敘利亞大軍
再次開入黎巴嫩，
美國的計畫也化為泡影。

中英名詞對照

依照出現順序排列

第五章

納瑟 Nasser｜埃及總統（1956～1970）

「歐米茄」計畫 Omega

胡笙 Hussein｜約旦國王（1952～1999）

聯合阿拉伯共和國 United Arab Republic

卡塞姆 Kassem, Abdul Karim｜伊拉克將領，1958年推翻王室，建立伊拉克共和國

摩蘇爾 Mosul

費沙爾 Faisal

伊瑪目・阿赫邁德 Imam Ahmad｜北葉門國王（1948～1962）

沙達特 Anwar El Sadat｜埃及重要領導人，曾任副總統、總理、總統（1970～1981），1978年因簽署大衛營協議獲諾貝爾和平獎，1981年遇刺。

復興黨 Ba'athists

巴勒斯坦解放組織 Palestine Liberation Organization

邁爾・菲德曼 Myer Feldman｜約翰・甘迺迪的顧問

列維・艾希科爾 Levi Eshkol｜以色列總理（1963～1969）

以撒・拉賓 Yitzhak Rabin｜以色列重要領導人物，曾任國防部長、勞工部長、總理，1994年因簽署奧斯陸協議獲諾貝爾和平獎，1995年遇刺。

蒂朗海峽 Strait of Tiran

「拓荒客」frontier people

戈蘭高地 Golan Heights

庫奈特拉 Quneitra

第六章

以格勒・亞隆 Yigal Allon｜以色列獨立戰爭名將，六日戰爭時任勞動部長

梅納罕・比金 Menachem Begin｜以色列右翼政治人物，六日戰爭時為無任所閣員，後出任總理（1977～1983），1978年因簽署大衛營協議獲諾貝爾和平獎。

喀土木 Khartoum

威廉・P・羅傑斯 William P. Rogers｜美國國務卿（1969～1973）

季辛吉 Henry Kissinger｜美國外交家，先後擔任國家安全顧問（1969～1975）及國務卿（1973～1977）

「黑色九月」Black September

哈菲茲・阿薩德 Hafez el-Assad｜敘利亞獨裁者，1970年奪權後擔任敘利亞總統至死（2000）

穆罕默德・禮薩・巴勒維 Mohammad Reza Pahlavi｜伊朗國王，1941年即位，1979年遭伊朗革命推翻

波斯波利斯 Persepolis

第七章

吉米・卡特 Jimmy Carter

阿亞圖拉 Ayatollah｜伊朗宗教領袖尊銜，意為「真主的記號」

何梅尼 Ruhollah Khomeini｜伊朗阿亞圖拉，1979年伊朗革命精神領袖

沙達姆・海珊 Saddam Hussein｜伊拉克獨裁者
瓦勒里・季斯卡・德斯坦 Valéry Giscard d'Estaing｜法國總統（1974～1981）
「莫茲塔札菲」mostazafin
阿拉法特 Arafat｜巴勒斯坦政治家，領導巴勒斯坦獨立運動五十年，後出任第一任巴勒斯坦自治政府主席。
哈卡里 Khalkhali｜伊朗阿亞圖拉
邁赫迪・巴扎爾甘 Mehdi Bazargan｜伊朗總理（1979）
哈菲佐拉・阿明 Hafizullah Amin｜阿富汗領導人，1979年遭蘇聯刺殺
巴布拉克・卡爾邁勒 Babrak Karmal｜蘇聯刺殺阿明後在阿富汗扶植的傀儡
布里辛斯基 Zbigniew Brzezinski｜美國的國家安全顧問（1977～1981）

第八章

阿布・尼達爾 Abu Nidal｜原為巴解成員，後遭除名。策劃1982年刺殺以色列駐倫敦大使。
上加利利 Upper Galilee
布里茲涅夫 Brezhnev｜蘇聯共產黨第三任總書記（1966～1982）
亞歷山大・海格 Alexander Haig｜美國國務卿（1981～1982）
謝松 Claude Cheysson｜法國外長（1981～1984）
拉什 Lachte
菲利普・哈比卜 Philip Habib｜美國外交官，於黎巴嫩內戰中代表美國斡旋
喬治・舒茲 George Schultz｜美國國務卿（1982～1989）
巴席爾・賈梅耶 Bachir Gemayel｜黎巴嫩反抗運動領導者，1982年獲選為總統後隨即被暗殺
夏隆 Ariel Sharon｜以色列軍事及政治領袖，曾任國防部長（1981～1983）、外交部長（1998～1999）、總理（2001～2006）
密特朗 François Mitterrand｜法國總統（1981～1995）
薩布拉 Sabra
夏蒂拉 Shatila
阿明・賈梅耶 Amine Gemayel｜巴席爾・賈梅耶之兄，黎巴嫩總統（1982～1988）
巴勒貝克 Baalbek
伊斯蘭阿邁勒派 Islamic Amal
真主黨 Hizballah
德魯茲派 Druze
進步社會主義黨 Progressive Socialist Party
舒夫 Chouf
蘇克・嘎布 Souk El Gharb｜地名
貝卡 Beqqa
麥滕山脈 Metn Mountains
凱斯萊旺 Keserwan
德拉卡 Drakkar
聯合黨 Likud

FOCUS 13
棋逢對手
中東與美國恩仇錄
〈2〉1953～1984
LES MEILLEURS ENNEMIS
Une histoire des relations entre les États-Unis et le Moyen-Orient Vol.2

作　　者　尚－皮耶．菲柳（Jean-Pierre Filiu）
繪　　者　大衛．B（David B.）
譯　　者　朱怡康
責任編輯　林慧雯
美術設計　黃暐鵬

編輯出版　行　路
總 編 輯　林慧雯
副總編輯　賴譽夫

社　　長　郭重興
發行人兼出版總監　曾大福
發　　行　遠足文化事業股份有限公司　代表號：(02) 2218-1417
23141新北市新店區民權路108之4號8樓
客服專線：0800-221-029　傳真：(02) 8667-1065
郵政劃撥帳號：19504465　戶名：遠足文化事業股份有限公司
歡迎團體訂購，另有優惠，請洽業務部 (02) 2218-1417 分機1124、1135
法律顧問　華洋法律事務所　蘇文生律師
印　　製　韋懋實業有限公司
初版一刷　2019年9月

全套定價　1280元

國家圖書館預行編目資料

棋逢對手：中東與美國恩仇錄（2）1953～1984
尚－皮耶．菲柳（Jean-Pierre Filiu）、
大衛．B（David B.）著；朱怡康譯
－初版－新北市：行路出版：遠足文化發行，2019.09
冊；公分（Focus 13；1WFO0013）
譯自：Les meilleurs ennemis: Une histoire des relations entre les États-Unis et le Moyen-Orient Vol.2
ISBN 978-986-97534-9-4（第二冊：精裝）
1.美國外交政策　2.漫畫　3.中東
578.52　　108011144